Manifeste
pour sortir du mal-être au travail

Vincent de Gaulejac
Antoine Mercier

Manifeste pour sortir du mal-être au travail

DESCLÉE DE BROUWER

www.ddbeditions.fr

10, rue Mercœur, 75011 Paris
ISBN : 978-2-220-06489-5

Avant-propos

Mais qui peut bien avoir intérêt à ce que la souffrance au travail se généralise ?

Évidemment pas les salariés qui en sont les principales victimes.

Certainement pas les entreprises dont les résultats pâtissent à terme du formidable gâchis humain et professionnel que provoque le mal-être de leurs salariés.

Le système, aujourd'hui, paraît perdant/perdant.

Comment rendre raison de cette situation dont personne ne semble tirer profit ?

Ce livre veut apporter des réponses qui ne soient pas seulement explicatives. Il a pour ambition d'initier un changement concret. Car le mal ne cesse de se répandre.

Selon une estimation du Conseil économique et social, les conditions de travail ont été la cause de trois cent cinquante suicides dans l'année 2011. Un suicide chaque jour en France serait lié au mal-être au travail ! Et ce nombre est sans doute encore sous-estimé. En effet, les indicateurs retenus ne traduisent qu'imparfaitement la réalité car une bonne partie des suicides liés directement au travail sont attribués à d'autres traumatismes : accidents de la route, empoisonnements ou tout simplement « cause inconnue ». L'enquête du Conseil économique et social indique également que tous les milieux sont touchés et en particulier celui des cadres. Elle montre enfin que ces suicides se produisent généralement sur le lieu de l'entreprise et qu'ils sont souvent accompagnés d'une lettre d'adieu explicite.

Le 29 février 2012, un jeune cadre de La Poste de vingt-huit ans, Jérémy Buan, s'est tué en sautant du dernier étage de La Poste République à Rennes, en plein centre-ville et devant des dizaines de personnes. Sa compagne a rendu publics les extraits d'une lettre qu'il avait laissée pour expliquer son geste :

> *Cette vie m'est devenue trop insupportable. Le travail que j'effectue chaque jour ne semble pas apprécié. Depuis que je suis passé cadre à La Poste, j'ai cherché en vain à réussir, me former, mais rien ne semble y faire et je n'ai pas de retour positif de ces actions volontaires de ma part. Cela a engendré un manque de confiance terrible au fond de moi, avec une anxiété permanente. Je préfère ne pas vivre dans un tel contexte opprimant où les reproches sont soutenus ensuite par toute la hiérarchie.*

La jeune femme explique, de son côté, que son compagnon « ne pensait que par le travail et ne dormait plus. Il souffrait d'aller au travail le lendemain sachant qu'on allait encore lui faire des reproches ».

Le 5 mars 2011, Hervé Marsollier, chef d'une agence Gefco – une entreprise de transport, filiale de PSA – détaillait les raisons qui l'avaient conduit à se pendre dans le local commercial de l'entreprise à Bordeaux :

> *Je me sens acculé et abandonné par Gefco, les premiers éléments de résultat de février sont mauvais, et c'est pour ces raisons que j'ai décidé aujourd'hui de mettre fin à mes jours.*

Dans cette adresse, il évoque également des « objectifs intenables avec la perte de clients importants, l'animosité et les réflexions acerbes de l'un de ses responsables hiérarchiques et l'insuffisance des moyens commerciaux pour maintenir le chiffre d'affaires ».

Le mardi 26 avril 2011, Rémy Louvradoux, cadre-préventeur (chargé des conditions de travail, de l'hygiène et de la sécurité) à Orange-France Télécom s'immolait par le feu sur le parking de l'agence de Mérignac, après s'être renversé sur le corps un bidon d'essence. Militant CFDT, acteur de la prévention dans l'entreprise, il s'est sacrifié en laissant un message sans ambiguïté. Il faisait partie de ces fonctionnaires, encore majoritaires au sein de France Télécom, qui ont encaissé de plein fouet un changement de culture : le passage du service public au dogme de la rentabilité à tout prix, sur fond de révolution technologique permanente et de restructurations internes incessantes. Dans une lettre adressée en février 2009 à la direction du groupe, le salarié, qui avait le statut de cadre, avait écrit : *Je suis de trop.*

Dernier exemple : le 14 octobre 2011, une professeure de mathématiques, âgée de quarante-quatre ans, s'est immolée par le feu dans la cour du lycée Jean-Moulin de Béziers. Peu avant la récréation de 10 heures, elle s'est placée sous le préau et s'est aspergée d'essence, calmement, avant d'y mettre le feu. Elle criait : *C'est pour vous !* devant les élèves, témoins de la scène…

Comment peut-on en arriver à s'immoler devant ses élèves ou au pied de son bureau ? Comment est-on passé du *burn out*, symptôme d'une consumation psychique interne lié à l'épuisement au travail, à la mise à feu de son corps en proclamant : « C'est pour vous » ? Quel est le sens de ce message mortifère ?

Quelque chose de destructeur semble à l'œuvre dans le monde du travail. Les symptômes sont aujourd'hui parfaitement identifiés et répertoriés : stress, harcèlement, perte de sens, désenchantement, dépression, épuisement, incompréhension… jusqu'au suicide qui constitue la manifestation la plus insensée d'un non-sens, d'une folie destructrice, de l'impuissance à changer les choses, sinon en se détruisant soi-même. Cruel retournement qui semble concerner de plus en plus de travailleurs en souffrance.

L'origine commune de cet ensemble de maux est facilement repérable : l'arrivée de nouveaux principes de management qui se sont généralisés à la faveur de l'emprise néolibérale sur le système politico-économique. Nous en parlerons dans la troisième partie de ce livre.

Pourquoi les mêmes méthodes continuent-elles d'être appliquées partout ? Pourquoi les mêmes maux se répandent-ils de la même façon, quelle que soit la taille ou la nature des entreprises ? Comment rendre raison du fait que la prise de conscience d'un problème aussi grave ne suffise pas à provoquer une remise en cause radicale de pratiques nuisibles à la santé psychique et physique d'un nombre croissant de travailleurs ?

Pourquoi, enfin, n'a-t-on pas déjà dit : Stop ?

De fait, tout semble se passer comme si nous n'avions plus aucune prise sur le mal, comme si une épidémie ravageait des populations entières de manière irrésistible, comme si nous faisions face à une catastrophe naturelle, à une lente contamination.

Il n'en est rien, naturellement. La dégradation actuelle n'est pas inévitable si tant est qu'on parvienne à en cerner clairement l'origine pour ne la considérer que comme le résultat d'une vision du monde, progressivement imposée à chacun d'entre nous, au point de devenir, pour tous, un horizon indépassable. L'humain est ainsi devenu un matériau comme un autre, une variable d'ajustement. À sacrifier, le cas échéant.

L'idée de ce « manifeste pour changer le travail » est née au théâtre du Rond-Point des Champs-Élysées à Paris, où Radio France organisait au début de l'année 2012 une série de rencontres sur le thème : « Quel travail voulons-nous ? » Chefs d'entreprise, syndicalistes, psychologues, sociologues et experts en tout genre étaient invités à réfléchir sur le phénomène de la souffrance au travail. De l'avis général, le problème prenait une ampleur inquiétante. Personne cependant ne semblait s'étonner du fait que le constat dramatique, sur lequel pourtant chacun s'accordait, ne provoque pas le sursaut propre à endiguer puis à contrecarrer la nouvelle mode contemporaine qui subjuguait le monde du management.

Dans le cadre du journal de France Culture, un journaliste – Antoine Mercier – interrogea un sociologue – Vincent de Gaulejac[1]. De leur rencontre, autour du repas qui suivit, naquit la conviction qu'analyser ne suffisait manifestement plus. Ils tombèrent d'accord qu'il devenait indécent de continuer à discourir savamment d'une question qui les concernait directement l'un et l'autre – l'interviewé et l'interviewer – dans leur univers professionnel respectif. Ils firent donc le projet de

1. Nous remercions Jamila El Fadil el Idrissi qui est à l'origine de notre rencontre et donc de ce livre.

pousser plus avant la réflexion en la déplaçant sur le terrain de l'engagement politique. En s'impliquant personnellement dans le combat, ils en étaient convaincus, il serait possible de sortir de l'impuissance dont ils souffraient à traduire isolément en acte leurs convictions personnelles.

L'effet fut immédiat. De cette simple rencontre, une évidence émergea : si un mystérieux système pouvait tirer les ficelles d'une politique si néfaste sans rencontrer de véritable résistance, c'est qu'il avait pris pour principe d'action – et peut-être est-ce là sa visée ultime – d'individualiser les personnes, de les désengager de leur existence professionnelle pour qu'elles s'investissent dans des organisations abstraites et incontrôlables. Cette individualisation avait réduit les possibilités de contestation et renforcé notre sentiment d'impuissance.

Comme le système communiste, le nouveau système managérial parvenait ainsi à masquer ses déplorables résultats. Mais il réussissait encore le tour de force, qu'aucun régime autoritaire ne fut jamais en mesure de réaliser, de se maintenir sans violence apparente, par la simple mais redoutable capacité qu'il déploie à subvertir les subjectivités aux fins d'arracher aux individus un consentement « volontaire » aux règles qu'il impose.

Ce manifeste a donc l'ambition de rompre l'isolement où nous nous sentons confinés en nous adressant à d'autres avec la conviction que la sortie de l'état de « mal-être au travail » ne peut être trouvée qu'à travers la re-formation d'une collectivité pensante composée de personnes ayant pris une simple mais ferme décision : celle de s'engager à lutter concrètement contre sa propre aliénation, en s'associant aux efforts des autres pour faire de même.

Nous nous engageons donc

Antoine Mercier – Je suis journaliste à Radio France depuis plus de trente ans. Dans le monde de la presse, le désengagement est un peu une maladie professionnelle. Un journaliste ne doit-il pas rester neutre et se contenter de relater les faits ? De quel droit viendrait-il s'immiscer dans ce qu'il médiatise ? Être en mesure de dire, de montrer ou d'écrire l'exacte réalité de ce qui se produit, voilà le fantasme qui plane sur ma corporation. Comme si l'on pouvait accéder au réel par le pouvoir magique d'une simple carte de presse, que l'on attribue – sans exiger de surcroît aucune formation – à toute personne qui tire la majorité de ses revenus de l'exercice de la profession.

Lutter contre la croyance dans une forme de surpuissance que les journalistes s'imaginent tirer de leur supposée capacité à décrire « les choses telles qu'elles sont » fut longtemps pour moi un combat quotidien. Expliquer que l'honnêteté consiste à ne pas faire accroire que l'information nous est donnée toute crue, prête à être servie « nature », convaincre qu'il est sans doute beaucoup moins partisan de laisser paraître, dans le traitement journalistique, la main qui l'a fabriqué plutôt que de vouloir à tout prix l'effacer, répéter que l'on ne peut donner qu'une représentation des événements et en aucun cas en livrer une essence univoque, voilà quelle fut ma manière de résister à l'objectivité du temps.

Mais cette résistance, qui pouvait jadis me faire passer, sans plus de conséquence, pour un idéaliste un peu bougon et rétrograde – et qui parfois même exerçait une certaine influence sur le travail collectif – est devenue aujourd'hui parfaitement vaine pour la raison que le mode de fonctionnement du système médiatique s'est entièrement fondu dans la vision hypermoderne d'un monde dont les événements paraissent s'imposer, indépendamment de l'action des hommes, au point de rendre illusoire la volonté d'en vouloir infléchir le cours.

« S'adapter » est aujourd'hui devenu le maître mot, le verbe-programme, l'ardente obligation. L'adaptabilité implique la souplesse, la polyvalence, l'interchangeabilité, la négation des spécialités et, plus globalement, l'indifférenciation généralisée. Voilà qui n'est guère valorisant pour une corporation dont les membres ont une certaine tendance à se croire irremplaçables ! Mais le plus grave réside ailleurs, bien au-delà des intérêts des individus concernés. Les journalistes portent en effet une responsabilité collective particulière : celle de donner aux individus un accès à ce qui les relie. Informer, c'est proposer un sens au surgissement du nouveau en le situant dans le contexte de son apparition, en proposant une grille de lecture qui permette sa saisie, en donnant par là même à chacun une possibilité d'intervention sur le monde qui l'entoure. Le travail du médiateur transforme une addition d'individus en un ensemble de personnes qui dépasse la somme des individualités, désormais reliées par le souci de leur dimension collective. Il fait du monde le lieu d'une intersubjectivité et permet aux citoyens d'exercer leur liberté de choisir entre la préservation ou la transformation de ce qui se produit. Or, en faisant croire à une naturalisation des événements, les dérives du système médiatique contribuent paradoxalement à forger le sentiment d'impuissance face au réel dont on constate qu'il a progressivement envahi les esprits de nos contemporains. Ainsi, les journalistes se sont-ils détournés de leur fonction première : présenter une information suffisamment élaborée pour que ceux qui la reçoivent soient en mesure d'en faire quelque chose de personnel dans le monde commun.

En entendant le récit médiatique des événements, j'en viens parfois à penser que mes confrères oublient les principes fondamentaux qui justifient socialement leur fonction. Plutôt que de rapporter les événements qui feraient s'interroger chacun sur ses actions futures, ils semblent s'ingénier à recouvrir la réalité, dont ils sont pourtant censés rendre compte, de sujets déconnectés de tout lien avec le devenir collectif, comme si plus rien ne devait se passer. Rêve de figer l'instant dans l'épure de la factualité, le spontanéisme de l'émotion ou de la compassion bien-pensante. Illusion qui contribue à faire du monde un spectacle, tour à tour terrifiant et rassurant, auquel il faudrait assister à la fois impuissants et distraits.

Tout se passe comme si l'on cherchait à couper les hommes de leur histoire, en les privant d'un accès à leur situation concrète et en les enfermant dans la stricte sphère de leurs intérêts privés.

En discutant avec Vincent de Gaulejac, j'ai réalisé que les principes à l'œuvre dans la nouvelle idéologie managériale (neutralité, urgence, maîtrise, objectivité) étaient les parfaits instruments de cette déconnexion, qu'ils venaient la renforcer en lui donnant un vernis conceptuel permettant aux dirigeants des entreprises de presse d'ériger en règles positives les travers intrinsèques de toute une profession. J'ai compris que l'incroyable multiplication des postes d'encadrement censés superviser le travail d'une équipe – même réduite – n'avait pour conséquence que d'assécher l'autonomie de tous, quand bien même le produit réalisé gagnerait à sa préservation. J'ai aussi perçu la raison pour laquelle les réunions se multipliaient, avec pour résultat de maîtriser les contenus à l'avance alors que la vocation du journaliste reste de saisir l'apparition du nouveau. J'ai encore pu cerner l'origine d'une sensation, jusque-là mystérieuse : celle qu'une partie de la hiérarchie n'avait plus pour souci premier le travail bien fait mais la gestion maîtrisée d'une information aseptisée et convenue qui ne jugeait plus de la qualité d'un travail en fonction de sa pertinence professionnelle mais à raison de sa conformité avec des objectifs préalablement définis par elle. J'ai également réalisé que la stratégie d'évitement des conflits, supposée faire droit aux singularités de chacun, n'avait d'autre but que d'étouffer la vitalité collective du métier en instaurant des processus de communication interne totalement artificiels et infantilisants, qui empêchent les échanges spontanés et brident les velléités d'organisation d'un collectif rédactionnel. J'ai compris pourquoi la direction des ressources humaines avait mis tant d'acharnement à supprimer les commissions paritaires qui permettaient aux responsables des rédactions et aux syndicats d'évoquer la situation professionnelle de chaque salarié dans le cadre de sa corporation à l'occasion des augmentations de salaires. Ces discussions, de l'avis de tous, avaient le grand avantage de replacer le travail de chacun dans l'exercice d'un métier. Elles étaient un moment fort de la vie de l'entreprise. Aujourd'hui, la direction distribue unilatéralement les promotions. Ainsi, progresse l'individualisation, au fur et à mesure que disparaissent les instances où pouvaient encore s'exprimer collectivement les corps professionnels. J'ai enfin mis des mots sur mon malaise et sur celui dont me parle quotidiennement un grand nombre de confrères : l'effacement du sens même de notre profession et, en définitive, de la satisfaction de son exercice.

Mais j'ai aussi pu me rendre compte que le simple exposé du problème pouvait faire naître les prémices d'une solution dont ce livre témoigne.

De tout cela, je sais gré sincèrement à Vincent de Gaulejac.

Vincent de Gaulejac – Je suis sociologue « clinicien ». Je m'intéresse à la dimension existentielle des rapports sociaux. La sociologie m'intéresse à partir du moment où elle aide les gens à comprendre leurs conflits, leurs problèmes, les sources de leur mal-être.

En octobre 1968, je me suis inscrit à Dauphine (université Paris-IX) pour faire un doctorat de sciences des organisations. C'était une nouvelle université, créée par Edgar Faure à la suite du mouvement de Mai. À l'époque, on ne parlait pas de gestion. Les trois disciplines de base de cette université étaient les mathématiques, l'économie et la psychosociologie. Le projet scientifique de Dauphine était de développer une connaissance scientifique sur les organisations afin d'en comprendre les modalités d'émergence et les modes de fonctionnement. La cybernétique, la systémique, l'informatique, les sciences de la communication étaient mises à contribution. J'ai pu constater comment ce projet scientifique s'est peu à peu perverti avec l'arrivée en force de nouveaux savoirs comme la comptabilité, le marketing, les ressources humaines, la gestion financière, la gestion stratégique. Autant de techniques de gestion qui n'étaient pas destinées à produire des connaissances sur les organisations, mais à « optimiser leur fonctionnement pour leur permettre d'atteindre les objectifs qui leur sont fixés ». Un savoir pour agir au service du pouvoir qui fixe les objectifs, plutôt qu'un savoir au service de la science, de la compréhension, de la connaissance. J'ai compris alors que la gestion est un ensemble de technologies et une idéologie au service d'un pouvoir, le pouvoir de ceux qui décident. Le projet de Dauphine n'était plus un projet scientifique, mais un projet politique pour former une élite, les futurs dirigeants des entreprises et des institutions.

Il peut paraître paradoxal de désigner la gestion comme une idéologie alors qu'elle se présente comme pragmatique, objective et neutre. Il n'y a pas une gestion de gauche et une gestion de droite mais de bonnes pratiques et d'autres qui le sont moins. L'adaptabilité, la productivité, la stratégie, l'efficacité, la qualité, l'efficience sont des progrès indéniables, quel que soit le système au service duquel on les met. L'idéologie n'a rien à voir ici. Bien au contraire. Et pourtant, j'ai vite réalisé que derrière la « rationalisation des choix budgétaires », les analyses « coût/avantage », « coût/efficacité », les valeurs du marketing, les normes comptables, les techniques de gestion des ressources humaines, les théories du capital humain et du management stratégique, l'ensemble de ces approches dessinent une représentation du monde, une conception du pouvoir et un système de valeurs qui impose une rationalité instrumentale dans le traitement des problèmes humains et sociaux.

Après un doctorat de « science des organisations », je suis recruté comme assistant au

Laboratoire de changement social, dirigé par Max Pagès, un psychosociologue auquel on doit l'introduction de la pensée de Carl Rogers en France et la fondation de l'ARIP (Association de recherche et d'intervention psychosociologique). Il développe une pensée originale sur la question du pouvoir dans les organisations comme phénomène multidimensionnel qui nécessite une problématisation multiple, c'est-à-dire une approche pluridisciplinaire intégrant différentes dimensions : économique, politique, idéologique et psychologique. Nous allons nous intéresser en particulier à une nouvelle forme de pouvoir qui apparaît dans les grandes entreprises multinationales. Un terrain de choix s'offre à nous : l'entreprise IBM est à l'époque un modèle du genre. Présente dans le monde entier, elle met en œuvre une culture de la haute performance, tout en proposant de réconcilier l'homme et l'entreprise, de dépasser l'antagonisme entre l'intérêt de l'entreprise et l'intérêt de l'individu. Nous découvrons un monde fascinant dans lequel les salariés sont hypermotivés, heureux et fiers de travailler pour une « compagnie » qu'ils vénèrent, quand bien même il leur faut supporter une pression du travail énorme. « Je suis exploité de façon agréable », nous dit un manager. D'autres évoquent des images religieuses : « Pour travailler à IBM, il faut avoir la foi », « Entrer à IBM, c'est comme entrer en religion ». Les employés parlent des manuels de management comme de la Bible, *The Good Book*. Nous constatons que les managers sont dans une relation passionnelle et contradictoire avec leur entreprise qu'ils aiment et détestent, parfois à la folie.

Nous découvrons le management par objectif, l'avancement au mérite, la gestion des ressources humaines, une nouvelle culture d'entreprise fondée sur un ensemble de valeurs qui favorisent l'adhésion du personnel, sa mobilisation psychique, son investissement intense dans le travail. Le rapport à l'organisation joue sur des processus équivalents à l'attachement amoureux. Le travail est comme une drogue dont les salariés n'arrivent plus à se passer. Évidemment, cet univers est bien plus séduisant que l'univers taylorien et disciplinaire des entreprises pyramidales, hiérarchiques, patronales. À IBM, il n'y a plus de chefs mais des managers, on ne donne plus des ordres mais on applique des prescriptions, il n'y a plus de pointeuse mais des objectifs, il n'est plus question d'obéissance mais d'adhésion à des valeurs de performance. Au pouvoir disciplinaire qui caractérisait l'organisation scientifique du travail, se substitue un pouvoir « managinaire » fondé sur la mobilisation psychique, l'intériorisation des valeurs de l'entreprise, la captation de l'idéal du moi par l'idéal entrepreneurial. Il ne s'agit plus de rendre les corps utiles, dociles et productifs, comme dans l'organisation taylorienne, mais de transformer l'énergie libidinale en force de travail.

La culture de la haute performance va devenir la référence dans les années 1980. Deux consultants de McKinsey, Peter et Waterman, publient en 1982 *Le prix de l'excellence*, qui devient un *best-seller*.

À partir de l'analyse du management dans les soixante-quatre entreprises les plus performantes dans le monde, ils présentent les clés de la réussite et de l'excellence. Pourtant, quelques années après, la majorité de ces entreprises sont en crise profonde ou ont disparu[1]. Avec Nicole Aubert, nous participons à un programme de recherche sur travail et santé mentale. Nous étudions les effets de la culture de la haute performance dans plusieurs multinationales. Nous constatons que le *burn out*, la dépression, l'épuisement professionnel sont des symptômes de plus en plus fréquents dans toutes ces entreprises qui sollicitent une mobilisation psychique intense de leurs employés. Nous évoquons des cas de suicides. Le « coût de l'excellence » est élevé, mais le management par l'excellence va pourtant se diffuser largement.

Nos hypothèses sur les liens entre ce nouveau modèle de gouvernance et les problèmes de santé mentale au travail vont se confirmer dans les années qui suivent. Les doctorants du Laboratoire de changement social poursuivent ces recherches dans des entreprises diverses, des secteurs d'activité très différents. Nous constatons surtout que la « révolution managériale » (expression utilisée par le Medef dans les années 1990), va servir de modèle à la « modernisation des entreprises publiques » (France Télécom, La Poste, Pôle Emploi, SNCF, RATP) et à la RGPP (Révision générale des politiques publiques). Elle sert de matrice à la réforme

1. T. Peters, *Le chaos management*, InterÉditions, 1989.

de toutes les institutions publiques et de l'État. On assiste alors à une inflation galopante des RPS (risques psychosociaux), selon l'expression consacrée aujourd'hui, avec une corrélation très forte entre la montée de la souffrance au travail et l'introduction du *New Public Management* dans ces institutions.

Comme chercheur et comme intervenant, j'ai pu constater la montée du mal-être au travail dans les années 1980 et 1990, et son explosion dans les années 2000. J'ai participé aux discussions et aux commissions mises en place par les pouvoirs publics. Je suis intervenu sur de nombreux terrains, auprès de CHSCT, dans des entreprises, des institutions et des associations. J'ai vu le « mal » se répandre : « Ils ne mouraient pas tous, mais tous étaient frappés » (Marie Pezé, 2010). J'ai participé à des documentaires et à de nombreux débats. J'ai pu constater la difficulté pour les organisations syndicales d'organiser la riposte et de comprendre les sources du problème.

Je suis moi-même confronté au problème dans mon université et mon laboratoire. J'ai vu la perversité de l'évaluation menée par l'Aeres[1], me reprochant d'avoir dans mon labo « dix chercheurs non publiants », alors que je m'efforce depuis des années d'intégrer des intervenants professionnels qui veulent réfléchir sur leur pratique. Je constate les méfaits de l'organisation par

1. Agence d'évaluation de la recherche et de l'enseignement supérieur.

projet qui oblige les enseignants chercheurs à consacrer leur temps et leurs ressources à des projets virtuels plutôt qu'à assumer leur tâche première d'enseignement et de recherche. Je vois des chercheurs consacrer leur énergie pour tenter d'être publiés dans les revues bien classées en étant parfois « obligés » de tricher, en signant des articles qu'ils n'ont pas écrits ou en acceptant des signatures de collègues dans un échange malsain de réciprocité. J'ai participé à la folie évaluatrice d'une de ces revues qui m'avait demandé un article, puis m'a évalué comme si c'était moi qui étais demandeur. Il a fallu rédiger trente-neuf versions de l'article avant qu'il soit définitivement adopté ! J'observe la politique universitaire dominée par l'obsession de gagner des places sur le classement de Shanghai, quand bien même celui-ci est construit sur des indicateurs qui favorisent les universités anglo-saxonnes et les sciences « dures ». Je vois la course aux Idex (initiatives d'excellence), Labex (laboratoires d'excellence), PRES (Pôles de recherche et d'enseignement supérieur), autant de dispositifs qui consistent à mobiliser la communauté universitaire sur des dispositifs incertains en détruisant l'existant. Je constate que ces mesures entament la liberté de pensée et soumettent la recherche fondamentale à la logique de la recherche appliquée. Je vois les membres de mon laboratoire de plus en plus désemparés face à la culture de l'urgence, le management par projet, le renforcement des contrôles par le biais de logiciels informatiques qui gèrent l'ensemble de nos activités sans laisser aucune place aux pédagogies et aux recherches qui n'entrent pas dans la norme. Les arrêts maladie se multiplient, la lassitude et le désarroi gagnent l'ensemble du personnel, le sentiment d'impuissance est à son comble. La communauté universitaire peine à réagir malgré l'indignation suscitée par ces évolutions.

Je me suis alors engagé en écrivant un livre : *Travail, les raisons de la colère* (2012), en rejoignant l'« Appel des appels[1] », en lançant avec d'autres une pétition : « Non à l'université managériale » publiée dans *Libération*, en participant à de nombreux débats, dont celui organisé par Radio France et, aujourd'hui, en rédigeant ce manifeste. C'est ma façon à moi de résister, de préserver une cohérence face aux injonctions paradoxales qui nous assaillent, de préserver ma liberté de penser et ma santé mentale.

1. www.appeldesappels.org/

I

Les raisons du mal-être

Comment désigner le « mal »? La façon dont on décrit le rapport au travail recouvre des enjeux idéologiques et politiques. Lorsqu'on parle d'exploitation, on s'interroge en termes d'inégalité et d'injustice. Ce sont les registres économique et sociopolitique qui sont d'emblée mis en cause. Lorsqu'on parle de violence, on s'interroge sur les enjeux de pouvoir et de domination. Ce sont alors les registres politique et sociologique qui sont mobilisés. Lorsqu'on parle de souffrance, on s'interroge en termes de symptômes physiques ou psychiques. Ce sont les registres médical et psychologique qui sont convoqués. Le vocabulaire de la santé mentale se substitue alors à celui de la lutte syndicale et politique.

Parler de « risques psychosociaux » revient à neutraliser par un terme emprunté aux sciences humaines, les enjeux politiques et existentiels. Le terme de « risque » conduit à penser en termes de prévention. Mais, ce faisant, on oblitère la violence, la souffrance, et on renvoie aux spécialistes de la gestion des risques le soin d'apporter des réponses. S'engage alors une bataille d'experts qui vont proposer des « solutions » techniques, en neutralisant les enjeux épistémologiques et politiques. Le terme « psychosocial » a l'intérêt de désigner le mal-être au cœur des rapports entre le registre psychique et le registre social, mais il a l'inconvénient de déplacer la question du registre socio-économique au registre psychosociologique. En définitive, la compréhension du mal-être touche toutes les disciplines qui abordent la question du travail : économie, ergonomie, sociologie, médecine, psychologie, psychiatrie, gestion, sciences des organisations, statistique… Le travail concerne tous les registres de l'existence.

Le constat : quelques données chiffrées

Quelque chose de destructeur semble à l'œuvre dans le monde du travail. Depuis un siècle, le temps de travail s'est considérablement réduit, la pénibilité physique également, la protection des salariés s'est améliorée dans bien des secteurs. Alors que les conditions objectives se sont considérablement améliorées, les conditions subjectives semblent se dégrader. Comment analyser ce phénomène ?

En France, plus de 50 % des salariés disent éprouver du stress au travail[1]. Les troubles psychologiques liés au travail ne cessent d'augmenter pour toucher 24 % des hommes et 37 % des femmes, selon l'Institut de veille sanitaire. Selon une enquête de l'Agence nationale pour l'amélioration des conditions de travail[2], les causes de stress

1. Opinionway, octobre 2009.
2. Anact/CSA, juin 2009.

sont en premier lieu à rechercher dans l'organisation du travail (41 %), la non-satisfaction des exigences personnelles (38 %), les relations avec la hiérarchie et les collègues (32 %), ainsi que les changements dans le travail (31 %). Le coût du stress représente entre 2,6 et 3,8 % du PIB en France, et en moyenne entre 3 % et 4 % du PIB dans les sociétés développées (rapport annuel du Bureau international du travail, BIT).

Parmi les pays européens, c'est en France que les relations avec les directions sont les plus mauvaises, que les sentiments de stress et d'épuisement sont les plus élevés. La crise de confiance et la rupture du lien entre les employeurs et les salariés sont profondes. 84 % des travailleurs estiment que les intérêts des dirigeants et des salariés ne vont « pas du tout » ou « plutôt pas du tout » dans le même sens. Ils sont 58 % à ne pas avoir confiance dans leurs dirigeants. Cette méfiance vis-à-vis du patronat ne profite pas pour autant aux syndicats. 53 % des salariés, contre 46 %, ne leur font pas confiance. Cette défiance monte à 86 % pour le Medef. La rémunération annuelle des patrons du CAC 40 s'établit en moyenne à 3,6 millions d'euros, ce qui représente 211 smic. 73 % des salariés considèrent que les écarts de salaire entre les dirigeants et les employés ne sont pas justifiés. Ce climat de méfiance épargne les petites entreprises dans lesquelles 61 % des salariés pensent que leurs intérêts coïncident avec ceux de leur patron. La coupure entre dirigeants et salariés se double de celle qui existe entre les grandes organisations, toutes acquises au modèle managérial, et les petites qui maintiennent des modalités de gestion ancrées sur des relations personnalisées.

Ces chiffres illustrent l'existence d'un mal-être profond révélé par l'augmentation des maladies professionnelles, du stress, l'intensification de la charge psychique, de l'urgence, des tensions, un sentiment d'insatisfaction au travail de plus en plus prononcé, une augmentation du chômage, de la précarité, un affaiblissement de la protection sociale, une rupture de la confiance entre les dirigeants, les cadres et les travailleurs, un sentiment d'injustice face aux écarts croissants des rémunérations, un antagonisme profond entre le monde des actionnaires et celui du travail.

Ce mal-être est général. Les symptômes se retrouvent dans les organisations marchandes et non marchandes, dans les secteurs privé, public et associatif, dans toutes les branches professionnelles (industrie, commerce, agriculture, services, professions libérales). Tous les niveaux hiérarchiques sont concernés (cadres supérieurs, cadres moyens, ouvriers, techniciens, employés).

Il convient donc d'analyser le mal-être au travail comme un phénomène social total. C'est-à-dire un phénomène qui concerne la société dans son ensemble. S'il émerge dans un contexte de mutations des organisations et des pratiques de management, il touche aujourd'hui tout le monde du travail dans les sociétés hypermodernes.

Les raisons évoquées du mal-être sont nombreuses, hétérogènes et complexes. Elles forment un ensemble d'éléments que l'on retrouve, avec des proportions variables, dans la plupart des organisations. Si le dosage est différent selon les lieux et les moments, ce sont les mêmes causes qui sont évoquées par tous ceux qui constatent une dégradation subjective de leurs conditions de travail.

Nous avons synthétisé en douze points ces causes évoquées de façon répétitive dans les investigations menées pour cerner les raisons du malaise. Quelques témoignages, issus de milieux professionnels divers, illustrent les multiples facettes de ce mal-être et la diversité des situations.

1
La pression, l'intensification du travail, la culture de l'urgence

Ce que les travailleurs ont gagné en temps de travail – la part de celui-ci ne cesse de diminuer dans le temps d'une vie humaine –, ils semblent le payer en termes d'intensité. Le temps de travail a tendance à diminuer alors que la charge augmente. La culture de la haute performance a mis l'ensemble des salariés sous pression : il faut faire plus, mieux et plus vite avec moins (moins d'effectifs, moins de moyens et au moindre coût). Cette pression produit une culture du harcèlement généralisé dans la mesure où celui qui est sous pression a tendance à mettre, en retour, ses subordonnés, ses proches et ses collaborateurs sous pression.

L'un des premiers facteurs du stress au travail est l'injonction au changement permanent. Elle est épuisante parce qu'il faut sans cesse se recycler, acquérir de nouvelles compétences, de nouveaux apprentissages, parce que vivre dans un univers instable est menaçant et insécurisant, parce que l'individu est mis en mouvement sans pouvoir se poser ni se reposer. L'exigence de flexibilité accroît la réactivité attendue de tous, laquelle finit par inverser le rapport à l'activité : elle fait perdre une partie de la maîtrise sur l'organisation de « son » travail et accroît la dépendance externe vis-à-vis des interfaces, le client, le fournisseur, les différents services dont on a besoin pour accomplir sa tâche.

La gestion des ressources humaines, dominée par une vision principalement comptable, considère les effectifs comme un coût qu'il faut comprimer et réduire. L'embauche de *coast killers* (littéralement : tueurs de coût) chargés de la chasse au gaspi, de la suppression des temps morts, et de la réduction des poches de productivité, crée une atmosphère délétère de menace et d'insécurité.

De surcroît, la culture de l'urgence (*just in time*, Zéro délai, TTU – Très Très Urgent) supprime les moments de détente, de respiration qui permettaient de « souffler ». L'empilement des tâches à effectuer et des problèmes à résoudre donne le sentiment d'être pris dans un cycle infernal qui ne va jamais cesser, d'autant que les NTIC (Nouvelles technologies d'information et de communication) soumettent les agents à un contrôle permanent dominé par la « dictature du temps réel ».

Le numérique vient en effet accentuer la pression. Il exige des réponses immédiates, une disponibilité permanente, une réactivité de tous les instants. Chacun est libre de répondre ou de ne pas répondre, mais celui qui choisit le retrait se met lui-même sur la touche. Il risque de décrocher très rapidement et devient responsable de ses défaillances.

David Bedu, contrôleur du travail

Nous recevons de nombreux salariés qui viennent nous faire part de leur souffrance mentale au travail et qui souhaitent en sortir. La cause de cette dernière est souvent identifiée par ces salariés comme du « harcèlement moral ». Au regard de la qualification juridique, il est difficile, voire impossible, pour nos services de faire un procès-verbal à l'encontre de l'entreprise pour « harcèlement moral ». Le salarié est donc renvoyé à une action individuelle devant les prud'hommes. Étant dans un état de fragilité aiguë, car c'est le cas quand il prend la décision de venir nous voir, il ne peut pas se lancer dans une procédure prud'homale, qui peut durer plusieurs années, sans en connaître l'issue.

Ce que souhaitent ces salariés, c'est sortir de l'entreprise. Et quelles solutions s'offrent à eux ? Quelles solutions leur offre-t-on ?

Il y a la rupture conventionnelle, la démission ou l'inaptitude. C'est souvent la dernière qui est retenue. En effet, la première est refusée par l'employeur et la seconde fait perdre au salarié tous ses droits (indemnités de licenciement, chômage…). C'est donc la dernière qui est retenue : l'inaptitude à tous postes au sein de l'entreprise. La gestion de la « souffrance mentale », quelle qu'en soit la cause (harcèlement, organisation contraignante…) se fait par le biais de cette déclaration d'inaptitude. Ainsi, ces salariés vivent quatre injustices : ils souffrent, ils sont qualifiés d'inaptes – même si le contrôleur ou la médecine du travail leur expliquent que ce n'est pas le cas –, ils perdent une partie de leur salaire pendant un mois

(le temps de la prononciation du licenciement) et ils sont privés d'emploi. L'employeur ne supporte pas la « faute » (au sens du droit du travail), cette procédure occultant sa responsabilité. C'est le salarié qui est inapte.
Cette souffrance est donc en partie invisible. Le salarié en porte toutes les conséquences et notamment psychologiques. Cette situation n'est pas satisfaisante.

2
L'instrumentalisation, la maltraitance institutionnelle

La souffrance naît du sentiment d'être traité comme un pion, un objet, un dossier, un travailleur jetable. Lorsqu'il est récusé en tant que sujet réflexif, l'individu se sent dépossédé de ce qui constitue la spécificité de l'être de l'homme, son humanité. On le prive de la possibilité de définir lui-même les conditions nécessaires pour bien travailler, ce dont il a le souci naturel. Car, contrairement à l'opinion répandue par la langue de bois managériale, les salariés se réalisent dans leur activité. Ils ne demandent pas mieux que de bien travailler. C'est l'empêchement au travail qui les fait souffrir.

La nouvelle gouvernance managériale produit ainsi un paradoxe : elle demande une mobilisation subjective intense pour « réussir », tout en mettant en place des outils de gestion qui engendrent des processus de désubjectivation, qui instrumentalisent les salariés, qui les dépossèdent d'une partie de leur activité. Or l'objectivation et la dictature du chiffre réduisent le « facteur humain » à une addition d'indicateurs mesurables. L'humain est alors considéré comme une ressource qui doit être productive et rentable, et l'activité devient une variable ajustable aux exigences managériales, commerciales et techniques. Au total, les décisions sont prises sans la participation des agents, sur des considérations purement financières qui ne tiennent pas compte de la valeur du travail et des travailleurs.

Carole Matthieu, médecin du travail chez un opérateur téléphonique

Carole Matthieu reçoit chaque jour en consultation des salariés à bout, dont certains menacent de se suicider et d'autres passent à l'acte. La direction ne pense qu'aux objectifs qui lui sont fixés et fait la sourde oreille à ses alertes répétées. Les organisations syndicales, divisées et impuissantes, ne lui apportent aucun soutien. Elle-même est au bout du rouleau. Elle décide alors de se mobiliser afin de montrer le lien entre les troubles physiques et psychiques décrits dans les rapports d'expertise médicale de ses patients et les modes d'organisation du travail. « Toutes les preuves sont déjà dans mes rapports, mais personne ne les lit parce que la direction départementale, la Sécurité sociale, l'Inspection du travail et le Conseil supérieur sont dépassés par la complexité du problème et pensent qu'il s'agit de cas isolés. La hiérarchie, elle, ne s'en inquiète pas parce qu'elle les lit comme les conséquences de problèmes personnels. Elle pense : le suicide est une affaire privée et n'a rien à voir avec l'entreprise qui, elle, ne gère ni émotion ni troubles psychiques mais des chiffres et des objectifs à atteindre.

Un salarié ne se suicide pas directement à cause d'un chef trop zélé ou d'un collègue harceleur. Cela ne suffit pas. La souffrance naît de la disparition progressive de ces minuscules espaces de liberté nécessaires et vitaux, sur lesquels le top management *rogne pour accroître les marges de productivité : la minute de pause en moins, les réponses à formuler au client chronométrées à la seconde*

– pas une de plus –, la pause cigarette réduite de moitié, le téléphone directement branché sur celui du supérieur, le script standardisé à servir au mot près à chaque client ou le sourire programmé. […] Mettez soixante hommes dans une salle, vissez-leur des écouteurs et un micro sur la tête, nourrissez-les d'injonctions paradoxales et de primes au mérite, et vous n'obtiendrez rien de plus qu'un charnier de morts vivants[1]. »

1. Témoignage extrait du livre de Marin LEDUN, *Les visages écrasés*, Seuil, 2011.

3
L'obsession évaluatrice et la quantophrénie (maladie de la mesure)

L'évaluation est mise en avant comme principe de légitimation. Elle est présentée comme un outil pragmatique et nécessaire pour rationaliser la gestion, rapporter les résultats obtenus aux objectifs assignés, comparer différentes façons de procéder, calculer le coût et l'efficacité du fonctionnement des différents services. La mesure comparative et le classement (*benchmarking*) deviennent une obsession. L'activité des salariés doit être constamment mesurée en termes comptables pour dresser le tableau systématique de leurs performances avec des critères qui mettent en avant le résultat plutôt que les moyens, la rentabilité plutôt que la qualité du service rendu, la productivité plutôt que la valeur que les salariés attachent à leur production. Or substituer la mesure à l'évaluation conduit à abandonner les jugements de valeurs qui font sens pour les personnes en faveur d'une traduction en indicateurs qui travestissent la réalité en la recomposant à partir d'instruments statistiques et comptables.

De fait, la tyrannie des nombres développe l'individualisation du travail, supprime les espaces délibératifs et conduit à une altération du sens. Elle construit un monde dans lequel la pensée est mise en sommeil, la compréhension marginalisée, la confrontation des expériences et des points de vue considérée comme inutile, voire nuisible. Il se produit alors un retournement pervers : l'évaluation devient un enjeu de pouvoir qui ne consiste plus à réguler le travail à partir de jugements de valeurs acceptés et fiables, mais s'apparente à un dispositif qui consiste à comparer, à classer, à valoriser et/ou dévaloriser des comportements, à susciter une compétition permanente. La préoccupation porte moins sur l'activité concrète que sur la subjectivité du travailleur, son comportement, son adhésion aux valeurs de l'entreprise, son adaptabilité, ses motivations, sa mobilisation psychique. En définitive, l'acte de travail n'est plus mesuré à l'aune de celui qui le fait mais à l'aune de celui pour qui il est fait.

Un manager Ressources humaines d'un important groupe bancaire

Nous passons notre temps à prendre des objectifs et puis à rendre compte des résultats et, entre les deux, on ne rend compte des activités qu'en termes complètement désincarnés sans plus aucune référence au contenu du travail. Ce qu'on demande, c'est : « Combien de rendez-vous ? », « Combien de produits bancaires placés ? ». On s'intéresse au « combien » beaucoup plus qu'au « comment ». On compte le nombre de produits vendus par chaque commercial et on ne s'intéresse qu'à ça, c'est ce qu'on appelle la « bâtonite » : le directeur d'agence fait des petits bâtons pour compter le nombre de produits vendus, matin, midi et soir. […] Mais lui-même, il y a quelqu'un qui lui demande tous les jours : « Alors, ton équipe, combien ? », « Ton agence, combien ? », « Pourquoi t'as pas tenu l'objectif ? ». Et il est lui-même évalué là-dessus. […] On est très centré sur le quantitatif, on ne s'occupe pas du qualitatif, du « comment » ou des difficultés que peuvent avoir les collaborateurs[1].

1. Témoignage extrait de l'article de Nicole Aubert, « Le management à l'ère du capitalisme financier : un management hors sujet ? », *Nouvelle revue de psychosociologie*, 13, Érès, printemps 2012.

4
La multiplication des injonctions paradoxales

L'injonction paradoxale est un mécanisme d'emprise qui inhibe les capacités de réagir et enferme les individus dans une soumission permanente. La situation de double contrainte s'installe à partir du moment où plusieurs personnes sont engagées dans une relation intense ayant une grande valeur pour elles sur le plan affectif, psychique ou matériel, de sorte qu'elles ne peuvent ou ne veulent s'en dégager. Elle se caractérise par un système de communication dans lequel des messages sont émis sous la forme d'injonctions contradictoires assorties d'un troisième terme qui empêche toute échappatoire. Obligé d'obéir à deux demandes parfaitement incompatibles (puisqu'il lui faut désobéir pour obéir), le sujet est mis en échec tout en portant la responsabilité de son incapacité à répondre aux demandes qui lui sont faites. Il se trouve alors dans une situation sans issue et intenable, dans l'impossibilité de choisir entre des exigences à la fois obligatoires et antagonistes. Quoi qu'il fasse, il peut être pris en défaut, ce qui détruit de l'intérieur toute possibilité de réaction pour sortir de l'emprise de la situation.

Des dépendances de ce type sont à l'œuvre dans bon nombre d'organisations. Il ne s'agit pas seulement d'une emprise psychologique dans une relation affective, mais d'un système d'emprise organisationnel qui utilise le paradoxe comme outil de gestion conduisant l'ensemble des agents à accepter collectivement des modalités de fonctionnement qu'ils réprouvent individuellement. Ce système se caractérise par la multiplication des centres de décision, des exigences opérationnelles et fonctionnelles qui exacerbent les tensions entre des nécessités contradictoires. Un cadre illustrait ce paradoxe en déclarant : « J'ai quatorze patrons. » Ce qui contribue à rendre les exigences de plus en plus paradoxales et entraîne un sentiment d'irrationalité, d'incohérence, de non-sens : les paradoxes, ça rend fou. Comment en serait-il autrement, quand les outils de gestion censés faciliter la tâche sont vécus comme des contraintes qui empêchent de travailler ?

Le paradoxe est à son comble lorsque la plainte de ne pouvoir travailler est entendue comme une résistance au changement. Il arrive que la situation paraisse presque banale tant elle est parfois naturalisée : « Il faut faire plus avec moins », « On est libre de travailler vingt-quatre heures sur vingt-quatre », « On est condamné à être libre ». Chacun est sommé d'affirmer son autonomie en se coulant dans les normes et les codes de l'organisation.

La pratique de l'oxymore entretient les paradoxes sans possibilité d'en expliciter les causes. C'est ainsi que l'on parle d'excellence durable, de croissance négative, de réorganisation permanente… Un langage qui gomme toutes les aspérités et ne permet plus d'exprimer les conflits vécus.

Le mal touche alors l'intimité de la personne. En effet, plus le salarié est dépossédé de sa subjectivité, plus on lui demande de s'investir dans son travail. Cette exigence est à son tour remise en cause par une injonction contraire : plus la personne incorpore les normes, les codes, les objectifs de l'organisation, plus celle-ci lui demande d'être autonome, responsable, créatif. D'un côté, l'organisation sollicite l'imagination, la créativité, les capacités réflexives pour innover. De l'autre, elle impose des dispositifs de contrôle et d'évaluation formatés, standardisés, prescriptifs et normatifs. Elle met en tension ses membres en les invitant à se mobiliser dans de nouveaux projets, dont dépend l'affectation des ressources à venir, sans pour autant les alléger du travail en cours. Le sujet doit s'investir « corps et âme » dans un travail qui modifie sa personnalité profonde pour se mettre au service de l'organisation.

Du fait de ces contraintes paradoxales, les collectifs de travail sont écartelés entre l'investissement dans un avenir incertain, pour espérer survivre, et l'investissement dans le présent pour assumer leurs tâches quotidiennes et leur activité « normale ». En définitive, l'investissement dans le futur les empêche de faire leur métier correctement. L'espérance d'un avenir à construire détruit le fonctionnement « normal » de l'organisation présente.

Dans cette situation, l'encadrement intermédiaire est tiraillé dans un conflit de loyauté entre, d'un côté, la direction qui lui demande d'appliquer des directives, des règles, des prescriptions, des outils de gestion et, de l'autre, le terrain qui démontre tous les jours que ces modes opératoires sont inapplicables.

Martine, responsable qualité dans une entreprise publique

Mon travail, mon métier ont longtemps été une source de plaisir dans ma vie. J'y trouvais de l'intérêt et du sens. Aujourd'hui, les axes essentiels sont devenus le chiffre d'affaires, la productivité, la rentabilité. Au nom de ces trois impératifs, tout est sacrifié. Le management est devenu ubuesque, inhumain, cynique et sordide. Le pire, ce sont les doubles discours, l'affichage d'une communication politiquement correct (l'importance de l'homme, le développement durable) et les pratiques qui démontrent tout le contraire[1].

1. Témoignage extrait du livre *Quel travail voulons-nous ?*, Les Arènes/Radio France, 2011.

5
La norme comme idéal et l'exigence du toujours plus

Imposer un idéal comme norme est une technique de pouvoir qui individualise les tensions, dénie les limites et multiplie les injonctions paradoxales. L'écart entre le travail, comme activité concrète, et l'idéal, comme représentation subjective d'une possibilité de dépassement des limites, est une clé de compréhension des tensions qui règnent aujourd'hui dans les entreprises. Dans le monde bureaucratique du règlement, les contraintes sont connues, visibles, repérables. Dans l'univers de la prescription de l'idéal, elles sont illimitées, instables, infinies. Ce modèle managérial se présente comme étant la pointe du progrès et de l'efficacité alors qu'il est porteur d'illusions et de déraison. Illusion de rationalité qui occulte un fonctionnement fondé sur le paradoxe. Illusion de performance qui met les travailleurs dans une course infernale pour réaliser des objectifs toujours plus ambitieux avec des moyens toujours plus réduits, dans des délais de plus en plus courts. L'organisation de l'activité est pensée à partir d'un modèle théorique idéal : des salariés parfaits, des clients exemplaires, des outils fiables. Ils construisent un monde sans contradiction, sans contretemps, sans maladie, sans faiblesse[1]. Dans ce modèle, le facteur humain est conçu comme un élément malléable et docile, comme si les travailleurs étaient des agents disponibles en permanence, ne commettant jamais d'erreurs, capables de donner à tout moment le meilleur d'eux-mêmes. On exige d'eux une qualité totale, le zéro défaut, l'excellence durable. Ce management produit un système de prescriptions idéales, qui oblige à faire comme s'il était possible de les réaliser.

La fonction de la norme se déplace du règlement qui exigeait l'obéissance et le respect, à la prescription qui entraîne les agents dans une spirale du toujours mieux, un univers d'exigences sans limites dans lequel le salarié est coupable de n'en faire jamais assez, de n'être jamais à la hauteur de ce que l'on attend de lui. La tension entre travail prescrit et travail réel est à son comble. Le management par objectif met l'accent sur les résultats sans se préoccuper des moyens pour les atteindre. Les prescriptions s'éloignent de l'analyse de l'activité concrète. Les objectifs assignés sont fixés à partir de modèles définis *a priori*, sans souci des conditions matérielles et humaines nécessaires à leur réalisation. L'évaluation des performances pousse les salariés à produire « au-delà des attentes » (*well above normal expectancy*) et normalise l'exigence du « toujours plus ».

1. Marie-Anne DUJARIER, *L'idéal au travail*, PUF/*Le Monde*, 2006.

Thomas, ingénieur chercheur

J'ai connu la course à la rentabilité dans un domaine où elle n'a pas lieu d'être : la recherche. On n'a pas encore créé son produit qu'on veut déjà le vendre et le rentabiliser. Qui plus est, le vrai travail se perd dans des procédures qualité pléthoriques, transformant un outil (les normes de travail) en finalité.

Nous subissons des réunions longues et inutiles où l'on ne parle que de normes ISO, de comptage du temps de travail sans pour autant faire avancer les projets.

À cela s'ajoute la déshumanisation des hiérarchies : il n'y a plus de chef du personnel mais une « direction des ressources humaines », laissant les salariés sans vrai contact à qui s'adresser en cas de question.

La course à la rentabilité, le télétravail, la télématique, les relations inutiles détruisent complètement le rythme de travail, créant une journée de travail permanente. Pour me préserver, je dois régulièrement déconnecter mon ordinateur et mon téléphone afin d'être un peu tranquille. Trop souvent, du moins dans mon domaine, on est pressé à mort. Dans ces conditions, il est impossible de travailler avec un peu de distance ou de manière posée : du coup, les phases de conception et de réflexion sont malheureusement négligées. Le travail est mal fait, l'ingénieur pas content de lui, et le client non plus d'ailleurs.

J'ai le sentiment d'être déshumanisé, considéré comme une simple machine à produire du code ou des algorithmes. C'est très démoralisant[1].

1. Témoignage extrait de *Quel travail voulons-nous ?*, *op. cit.*

6
L'individualisation, l'isolement, la lutte des places

L'investissement réflexif et subjectif est un élément important pour que « ça marche » malgré tout. Le collectif joue ici un rôle essentiel dans l'invention quotidienne de réponses à l'imprévu, à l'aléatoire, à l'incertain et au décalage entre les prescriptions et l'activité concrète. Lorsque ces collectifs se délitent, lorsque chaque salarié est renvoyé à lui-même, il perd sa fluidité, ses capacités d'adaptation, ses capacités de se protéger face aux violences institutionnelles. La souplesse de l'activité entretient une dynamique collective dans les services, qui se nourrit d'un idéal partagé : faire du bon travail. D'où l'importance de la co-construction d'un cadre de référence commun à l'action, d'où le désarroi lorsque ces points de repère se délitent.

Travailler, c'est inventer jusqu'à détourner les règles, transgresser les consignes, contourner les prescriptions pour être plus productif. Le collectif est une ressource majeure pour faire face aux aléas de l'action, aux imprévus et construire les innovations nécessaires pour améliorer le fonctionnement. La confiance entre les acteurs et leur coopération est une condition nécessaire pour produire ensemble, affronter des situations nouvelles, développer d'autres façons de procéder, faire face à l'urgence, prévenir les défaillances et/ou les absences des collègues, en un mot, travailler bien en adaptant l'activité aux modifications de l'environnement.

La « révolution managériale » remet en question les collectifs de travail au nom de la responsabilité individuelle : la mesure individuelle des performances et du « mérite » met chacun en concurrence avec les autres alors même que la performance dépend de la coopération entre tous. Les outils d'évaluation sérialisent et atomisent la mesure de la productivité. Cette individualisation, en produisant de l'isolement, entraîne la disparition des collectifs de travail porteurs de solidarité, de protection et de soutien face aux conflits du travail. Chacun a le sentiment d'être renvoyé à lui-même pour résoudre les difficultés rencontrées : « C'est ton problème », alors que le collectif est nécessaire pour améliorer le fonctionnement.

Le problème est encore aggravé lorsque les réponses « psychologiques » à la souffrance interprètent les problèmes d'organisation comme des problèmes personnels. Il devient alors impossible d'échanger avec les autres, de « socialiser » les difficultés et les problèmes rencontrés contribuant à l'isolement et au repli sur soi.

Un technicien dans l'industrie

Ça fait trente-sept ans que je suis chez Denison Parker, un groupe qui fabrique des pompes hydrauliques, racheté maintes et maintes fois [...]. C'est dans le travail que beaucoup se joue de notre société en général. Ça a été pensé scientifiquement dans les entreprises cette façon de casser toute perspective collective. C'est un conditionnement : tout le travail a été individualisé, il doit rentrer dans des graphiques personnels. Chacun son compte, chacun sa gueule ! Plus de contacts ! Je suis dans un bureau, on est cinq dans un open space et, plutôt que de parler devant tout le monde, le chef de service envoie des mails aux collègues...

Avant, on faisait des matches de foot avec les bureaux contre les ateliers, c'était sympa. La dernière fois qu'on a essayé, on n'est pas parvenu à faire une équipe[1]*...*

1. Témoignage extrait du livre de Luce FABER, *Est-ce ainsi que les hommes vivent ?*, Les prairies ordinaires, 2011.

7
La dégradation de l'amour du métier

Dans la société industrielle les ouvriers, les employés, les agriculteurs, les salariés, étaient souvent exploités, humiliés et mal traités. Mais ils retrouvaient leur fierté dans le travail bien fait, ce que Christophe Dejours appelle le « jugement de beauté ». Le métier était au fondement de l'identité professionnelle, la compétence était un élément de reconnaissance essentielle, l'habileté manuelle un facteur de revalorisation narcissique et d'estime de soi. Le collectif représentait une identité collective favorisant la coopération et la solidarité. Le travail avait une valeur fondée sur la qualité de l'œuvre réalisée.

La révolution managériale a profondément transformé ce modèle. Elle a fait valoir l'idée que ce n'est plus l'acte de travail qui prime mais le rapport à l'organisation. Du coup, l'activité concrète se délite dans la complexité, la multifonctionnalité, la flexibilité et les métiers se perdent au profit d'activités polyvalentes. Les savoir-faire sont dévalorisés au profit de savoir-être.

C'est le comportement qui est évalué plutôt que l'acte ou l'œuvre accomplis, les capacités d'adaptation plutôt que les compétences professionnelles, la mobilité fonctionnelle géographique et comportementale plutôt que l'amour de l'art. C'est ainsi que l'habileté manuelle n'est plus considérée. Seule est reconnue l'habileté stratégique.

En définitive, les satisfactions narcissiques ne sont plus recherchées dans la réalisation d'une œuvre concrète, mais dans le dépassement de soi-même, le challenge, la capacité à résoudre les problèmes complexes, à relever des défis.

Juliette, infirmière

Pendant plusieurs années, je m'étonnais en permanence d'être payée pour faire ce que j'adorais plus que tout au monde. Ce n'était pas un métier, c'était un épanouissement quotidien. Et puis, un jour, on m'a assise sur une chaise et on m'a demandé de produire. On m'a parlé de statistiques de fréquentation, de visiteur unique, de clic par page, de rendement.
Aujourd'hui, je traîne mon métier comme un boulet. J'ai dû voir un psychologue du travail tellement on a désincarné ce métier. J'en suis devenue physiquement malade[1].

1. Témoignage extrait de *Quel travail voulons-nous ?*, *op. cit.*, p. 17.

8
La perte de sens

L'incompréhension est profonde : le travail ne fait plus sens, l'activité n'est plus porteuse de signification. Les discours qui accompagnent les réorganisations, la mise en œuvre de restructurations, la nécessité de la « modernisation » deviennent insignifiants[1]. Non seulement les agents n'adhèrent plus, mais ils ont le sentiment d'être pris dans un mouvement insensé. « On a le nez sur le guidon, on sait qu'on va dans le mur et l'on pédale de plus en plus vite », disent bon nombre de managers lucides. Le changement pour le changement, l'action pour l'action, la culture de l'urgence empêchent toute distanciation vis-à-vis du travail, toute possibilité de réflexivité à moyen et long terme.

La culture du résultat conduit les agents à adapter leur activité aux paramètres sur lesquels ils vont être évalués plutôt qu'à la valeur qu'ils accordent à ce qu'ils font. La novlangue managériale altère le sens de l'activité. Elle ne permet pas de comprendre les conflits vécus au travail. Les

1. Fabienne HANIQUE, *Le sens du travail*, Érès, 2004.

réorganisations permanentes, les outils de mesure de l'activité, les procédures d'évaluation formelles, la multiplication d'objectifs inatteignables sont autant d'éléments qui alimentent cette perte de repères. Le sentiment d'incohérence est si fort que le « travailler plus » ne conduit pas à travailler mieux, mais à s'épuiser dans des tâches perçues comme inutiles et insignifiantes.

La souffrance est à son comble lorsqu'elle est accompagnée d'un discours venu d'en haut déclarant que les problèmes viendraient de l'absence de motivation des travailleurs et de leur désinvestissement au travail. Résultat : la combinaison entre la perte de signification et la perte d'orientation, conduit à se laisser instrumentaliser par l'organisation, à accepter l'hétéronomie (« être gouverné de l'extérieur »), à sombrer dans un « état agentique ».

Une employée de la CAF

Nous travaillons dans un endroit qui s'appelle Caisse d'allocations familiales. Normalement on est là pour fournir aux citoyens les aides auxquelles ils ont droit [...]. Mais en fait, tout là-haut, ils n'en ont plus rien à cirer du service public. Il s'agit de déshumaniser, de nous transformer en machines. Et ce qui est vraiment pernicieux, encore plus écœurant ; c'est que ça se passe sous couvert de « meilleur service ». Au guichet, on nous dit d'expédier les dossiers pour que la file d'attente ne dépasse pas les vingt minutes ; et du coup, il y a des erreurs dans le calcul des droits... À la plateforme téléphonique, on voit défiler des bandeaux sur nos écrans pour nous enjoindre de mettre fin à la communication. Dans tous les services, on nous fixe des objectifs de rendement. Les valeurs marchandes commandent. Les managers nous poussent à ne plus parler d'« allocataires » mais de « clients ». On vit la paupérisation de la société au quotidien, mais il faut faire comme si on était des caissières de supermarché. Tout est renvoyé à de la technique, à des statistiques. [...] On contrôle, on s'autocontrôle, et pendant ce temps-là, on n'est plus sur les tâches des allocataires. Il y a des superviseurs qui surveillent le travail des techniciens conseils et au-dessus, des superviseurs de superviseurs [...] et, pendant ce temps-là, on n'a plus de salariés productifs. On nous a présenté récemment un document sur les « processus » et les « procédures » – admirez le distinguo *– qui doivent permettre de « transformer l'expression d'un besoin émanant d'un client en* *un produit ou service de manière à obtenir une satisfaction maximale de la part du client*[1] *!* »

1. Témoignage extrait de *Est-ce ainsi que les hommes vivent ?*, *op. cit.*, p. 108.

9
Des formes de reconnaissance qui génèrent une insatisfaction chronique

Les nouvelles formes d'organisation du travail ont réduit les niveaux hiérarchiques, développé l'open space, décloisonné les structures, valorisé l'interface, la polyvalence, l'autonomie, le management de projet, la responsabilisation dans la mobilisation des moyens pour atteindre les objectifs, autant de « facteurs de progrès » contribuant à une mobilisation mentale et psychique plus intense. Dans ces conditions, l'individu se sent comptable de ses succès et de ses échecs. Il se trouve ainsi dans une vulnérabilité plus grande d'autant que ses efforts ne sont pas reconnus. Et il se vit comme responsable si la réussite n'est pas au rendez-vous. Le management, en insistant sur l'autonomie, la créativité, l'initiative, l'innovation, l'adaptation à la complexité, sollicite de la part des salariés davantage de réflexivité et de mobilisation psychique. L'intensification de l'implication subjective demandée suscite une attente de reconnaissance intense. La frustration est immense lorsque cette demande est insatisfaite. En effet, lorsque l'agent n'est pas récompensé à la hauteur de ses investissements, il intériorise la responsabilité de son manque de performance ou de ses insuffisances : « Je ne suis pas compétent, je suis nul, je ne sais pas m'organiser, c'est moi qui ne comprends pas, je ne suis pas à la hauteur… »

Lorsqu'on impute au seul salarié la responsabilité de ses réussites et de ses échecs, on nie le fait qu'il agit sous contrainte, qu'il est dépendant de ses collègues, des moyens qui lui sont alloués, que c'est l'organisation qui, en définitive, lui permet ou non d'atteindre ses objectifs. Il en découle une perte d'estime de soi qui s'accentue lorsque le salarié entre dans une spirale négative : moins il est reconnu, plus il travaille ; plus il travaille, plus il attend de la reconnaissance. Cette spirale provoque une rupture du « contrat narcissique » : l'individu s'investit « corps et âme » pour satisfaire ses désirs de réussite, d'excellence, de réalisation de soi-même, et il se sent floué, trompé de ne pas recevoir les satisfactions attendues. Or c'est le travail bien fait qui apporte les satisfactions les plus profondes, les « vraies » reconnaissances par opposition aux reconnaissances artificielles imaginées par la hiérarchie.

Des dispositifs d'émulation dégradants et humiliants se développent. Conçus pour favoriser la motivation et la reconnaissance, ils provoquent une dévalorisation généralisée. Cela se termine souvent par une mise à l'écart : la placardisation, le déplacement sur un poste moins valorisé qui accentuent encore ces processus de dévalorisation. D'autres formes de non-reconnaissance sont mal vécues : les dénégations face au mal-être au travail, le refus de considérer les difficultés rencontrées pour « bien faire », la surdité face à l'expression réitérée de la souffrance.

Isaure, adjointe du patrimoine et des bibliothèques

Aujourd'hui, on nous demande de la rentabilité dans une bibliothèque municipale ! Le management est devenu infantilisant et démotivant.
Mon travail, pourtant passionnant il y a vingt ans, est aujourd'hui vide de sens, productiviste et inhumain[1].

1. Témoignage extrait de *Quel travail voulons-nous ?*, *op. cit.*, p. 51.

10
La menace, l'insécurité et la logique d'obsolescence

La concurrence, les délocalisations, la montée du chômage, la crise financière sont autant de facteurs d'insécurité qui engendrent la peur de perdre sa place, l'exacerbation des concurrences, la menace de la précarité et de l'exclusion d'autant que la rupture des solidarités traditionnelles est exacerbée par une mise en compétition pour les primes, les projets, les promotions, l'avancement au mérite.

La compétition interne remet en cause les identités de métiers. Sous prétexte de mobiliser les individus, elle les vulnérabilise et provoque de l'indifférence face au mal-être des autres. Le « chacun pour soi » devient une réaction défensive pour se protéger psychiquement. Les processus de mise en quarantaine de celui qui ne va pas bien se développent parce qu'il renvoie aux autres l'image de ce qu'ils ont peur de devenir.

La mobilité (*turn-over*) systématique, érigée en règle absolue crée, par ailleurs, une instabilité permanente et une insécurité menaçante, renforcée par la peur d'être « délocalisé », de changer de statut. Elle va de pair avec l'affaiblissement des protections sociales tandis que la multiplication des plans sociaux entretient la peur d'être licencié et de perdre son travail. Le syndrome du survivant se développe : le sentiment d'insécurité est entretenu par la « guerre économique », la modernisation, la précarisation et la montée du chômage. Autant de facteurs qui requièrent de l'adaptabilité, de la mobilité, de la flexibilité plus que de la stabilité, de la constance et de la rigueur. Ces bouleversements incessants génèrent une logique d'obsolescence qui se substitue à la logique d'une production fiable dans la durée : on détruit en permanence ce que l'on produit par nécessité de produire autre chose.

Entendons-nous bien : les exigences de flexibilité et d'adaptabilité ne sont pas mauvaises en soi, elles sont même nécessaires pour permettre aux entreprises et aux institutions de se transformer, et aux salariés d'affronter des situations nouvelles, d'inventer d'autres univers, d'autres savoirs, d'autres façons de faire. La nocivité vient seulement de l'injonction inconsidérée au changement pour le changement. Ainsi, le TTM (*time to move*) est une exigence destructrice lorsqu'elle conduit à quitter de bonnes conditions pour un travail pénible. Le *turn-over* systématique est un principe absurde quand il brise les collectifs de travail, les liens bien établis, les collaborations précieuses, sans aucune garantie de pouvoir en construire de nouveaux.

En définitive, la mobilité permanente, la célébration de la réactivité sacrifient le long terme au court terme, la stabilité à l'inconstance, la durée à l'urgence. Dans un tel contexte, c'est l'idée même de construire une œuvre dans le temps qui est sacrifiée, pour instaurer une logique d'obsolescence. Celle-ci consiste à détruire l'existant pour réinvestir dans de nouveaux produits, nouvelles organisations, nouveaux savoirs, sans se soucier des conséquences de ces destructions initiales.

Un manager RH

Il n'y a plus de dialogue, pas d'échange, on reçoit des injonctions par mail, très brutaux, envoyés par les managers à leurs équipes, sans bonjour ni merci, ni au revoir, c'est : « *On n'est qu'à x % des objectifs* », « *Je vous demande d'avoir rattrapé le retard à telle date* »[1]...

1. Témoignage recueilli par Nicole AUBERT, « Le management à l'ère du capitalisme financier : un management hors sujet ? », *Nouvelle revue de psychologie*, n° 13, Érès, 2012.

11
La crise des valeurs, les malversations et les conflits de loyauté

La crise du symbolique est un élément essentiel pour comprendre la dégradation du rapport au travail. Les impératifs financiers semblent dominer toutes les autres considérations. Le respect du droit, l'idéal démocratique et le primat de la raison, références cardinales de la modernité, ne sont plus des valeurs défendues au sein des entreprises hypermodernes. Initialement, le modèle managérial prônait la réconciliation de l'homme et de l'entreprise. Il suffirait de jouer « gagnant-gagnant » pour que la réussite de l'un favorise la réussite de l'autre, et réciproquement. Ces principes ont été rudement contredits par les faits. En particulier à partir du moment où les plans sociaux se multiplient, où les rémunérations des dirigeants s'envolent alors que celles des salariés stagnent. Les financiers font « travailler l'argent » alors que les travailleurs voient les emplois détruits et les gains de productivité affectés uniquement à la réduction des effectifs.

La crise économique a mis en évidence la faillite des instances de régulation et de contrôle, les conflits d'intérêt entre les fonctions d'audit et de conseil. Ce sont les mêmes officines et les mêmes « consultants » qui sont chargés de vérifier la régularité des comptes, de noter la valeur des entreprises et de conseiller les dirigeants sur leur stratégie financière. La course aux résultats conduit par ailleurs à justifier des comportements contraires à la morale : le maquillage des chiffres, la complexité des comptabilités pour éviter les contrôles. La manipulation des comptes permet de se rapprocher des résultats attendus lorsque l'écart avec les résultats réels est trop important.

C'est ainsi que l'esprit des lois est bafoué. L'utilisation des paradis fiscaux, le contournement de la législation fiscale et du droit du travail, la falsification des résultats financiers se sont banalisés, laissant apparaître une contradiction profonde entre les discours qui prônent l'éthique, la morale, la responsabilité sociale et des pratiques encourageant de telles dérives.

Au sein des entreprises, la fraude est devenue une pratique banale. Une étude portant sur trois mille entreprises dans le monde, réalisée par le cabinet PricewaterhouseCoopers (PwC) en collaboration avec l'Insead, montre un accroissement important des pratiques frauduleuses : des détournements d'actifs, des cas avérés de corruption, des dissimulations comptables ont été constatés dans 46 % des entreprises de plus de mille salariés. Les auteurs imputent la responsabilité de ces malversations à la pression que les chefs d'entreprises mettent sur leurs employés : « Dans une période de crise, les objectifs fixés aux employés sont plus difficiles à atteindre. Les salariés ont peur de perdre leur job, alors ils fraudent. » Les malversations comptables sont passées de 27 % en 2007 à 38 % en 2009. Et elles concernent aussi le *middle management*, et les cadres supérieurs sont de plus en plus impliqués dans les malversations (de 26 % en 2007 à 46 % en 2009). Ceux-là mêmes qui devraient être les garants du respect des règles sont ceux qui les détournent.

Cette dégradation de l'éthique professionnelle engendre un climat de suspicion généralisée. Régulièrement paraissent dans la presse des échos sur les pratiques de fichages du personnel et/ou des clients qui illustrent le règne du soupçon et l'obsession du contrôle par des pratiques policières en interne, comme si les salariés étaient potentiellement dangereux et qu'il fallait les surveiller comme des délinquants potentiels. On voit des caissières de supermarché accusées de vol parce qu'elles avaient ramassé des tickets promotionnels laissés par une cliente.

L'instrumentalisation est d'autant plus intense et mal vécue que les salariés sont conduits à poser des actes contraires à leur conscience. À la honte de s'être soumis s'ajoutent la honte et la culpabilité d'avoir transgressé son éthique, d'avoir accepté de voir des collègues sombrer sans réagir. Contre ce phénomène, les réactions collectives se multiplient. L'exemple des cadres supérieurs de La Poste illustre ces nouvelles pratiques de résistances qui permettent de transformer la culpabilité individuelle en réaction collective.

Manifeste des cadres supérieurs de La Poste

Les cadres prennent rarement la parole sur leur entreprise. Nous, collectif de cadres supérieurs de La Poste, experts issus de tous ses métiers, faisons le choix de rompre cet usage, au nom des responsabilités et des valeurs qui nous animent.

Serviteurs mais pas serviles, loyaux mais pas courtisans, nous sommes en droit d'interroger le rythme des changements, leur accompagnement et les méthodes. On ne peut pas nous imposer plus longtemps d'être complices de méthodes destructrices, aux franges de l'illégalité. Beaucoup d'entre nous ont contribué à instaurer, à leur corps défendant, un système sauvage sans garde-fou et, ravalés au rang d'exécutants des basses œuvres, ne le supportent plus. Dans tout système, il y a sa part de gâchis... Aujourd'hui, à La Poste, la part de gâchis devient la règle, la part de règles devient l'exception.

Souffrances et déni. À chaque semaine, ses tentatives de suicide, parfois fatales... et, immédiatement, les mêmes éléments de langage : problèmes personnels, fragilités... Se suicider sur son lieu de travail n'est jamais anodin : on retourne contre soi la violence qu'on y subit. Mais quel qu'en soit le cadre, les causes sont le plus souvent pluri-factorielles : on ne laisse pas ses problèmes de travail à la porte quand on rentre chez soi le soir... À ce titre, le déni systématique dont fait preuve notre entreprise et la chape de plomb posée sur chacune des histoires ne font qu'ajouter à la confusion ambiante.

Mais les suicides, si insupportables soient-ils, ne sont que la partie visible de l'iceberg. La souffrance, traduite par des indicateurs sociaux très dégradés, est cachée, niée par nos dirigeants. Elle n'en est pas moins une bombe à retardement. Nous, cadres supérieurs de La Poste, ne pouvons nous contenter de décompter les victimes du champ de bataille…

Observatoire du stress, juillet 2012

12
La coupure *Top and Down*

La révolution managériale a entraîné une tension de plus en plus vive entre les élites qui veulent entraîner l'ensemble de la planète dans une course en avant de plus en plus folle, et les peuples. L'excellence produit l'exclusion. Un gagnant produit irrémédiablement des perdants. La compétitivité, célébrée comme la solution à tous les problèmes, conduit à une lutte des places acharnée. Quand on propose comme objectif à l'ensemble d'une société l'« excellence durable », on risque de la détruire : si l'excellence consiste à être « hors du commun », que devient le monde commun ?

Un phénomène traduit aujourd'hui ce malaise : les élites sont perçues comme vivant dans un monde à part, peu sensibles aux difficultés rencontrées par les peuples et les travailleurs, les dirigeants, qui se recrutent dans un microcosme étroit issu de grandes écoles élitistes, s'occupant de produire des prescriptions idéales et abstraites pour augmenter la productivité, alors que le terrain demeure confronté aux contraintes et au réel du travail. Et plus la pression des résultats se renforce, plus la confiance entre les dirigeants et les employés se délite, d'autant que les écarts de revenus entre ceux d'en haut et ceux d'en bas ne cessent de s'accroître, dans les entreprises comme dans la société. Entre ces deux mondes qui s'éloignent, l'encadrement intermédiaire est déchiré entre les prescriptions des uns qu'il doit appliquer et les difficultés des autres qui ne trouvent pas de réponses. Le témoignage qui suit décrit les conséquences de cette coupure. Le fait qu'il vienne des États-Unis montre le caractère « globalitaire[1] » de ce phénomène.

---

1. Entre globalisation et totalitaire, le terme « globalitaire » indique que nous avons affaire à un phénomène social total qui se répand sur l'ensemble de la planète en imposant une « nouvelle gouvernance » dans toutes les organisations et les institutions, qu'elles soient publiques ou privées.

Jean-Marie Giraud, ingénieur
Washington DC

J'exerce depuis quarante ans le métier de concepteur d'hélicoptères. Au début, mes chefs se souciaient de vérifier si j'avais bien compris les problèmes qu'ils me demandaient de résoudre et si je maîtrisais correctement les outils nécessaires à leur résolution. Peu à peu les choses ont évolué, désormais mes chefs ne me demandent plus que quand j'aurai fini et combien ça va coûter. La qualité du dialogue s'est stérilisée, d'ailleurs, pour la plupart, mes nouveaux chefs sont profondément incapables de comprendre ce que je fais, tout ce qui se passe entre la feuille blanche et le vol d'un prototype est devenu une sorte de sorcellerie un peu mystérieuse.

Beaucoup de jeunes ingénieurs comprennent très vite qu'il est bien plus facile et plus rentable de réussir dans la gestion des budgets et délais que dans la conception des hélicoptères, ils n'apprennent plus le métier en profondeur et l'ultime niveau de management n'est plus technique mais financier.

Donc, énorme perte de motivation et de compétences. La gestion a marché transitoirement, lorsqu'elle était appliquée à des équipes déjà expérimentées, mais sur vingt ans, elle a finalement produit une formidable régression, les coûts explosent et la qualité des conceptions s'effondre.

La difficulté pour un manager qui ne connaît bien que le management, c'est de comprendre ce que font ces « foutus ingénieurs budgétivores » afin d'en garder le contrôle. Il y eut donc une action de fond consistant à codifier le savoir-faire des ingénieurs et à le reformuler au travers de procédures standardisées. Les tâches élémentaires décrites par les procédures peuvent alors être saisies à l'aide de logiciels et mesurées informatiquement. Ça fait sérieux, mais c'est une terrible atteinte à la créativité des concepteurs. Qu'importe, ça rend accessoirement le travail volatil puisqu'il ne dépend plus du savoir-faire de M. Tartempion que l'on peut alors remplacer par M. Chang.

Illusoires, les tentatives de délocalisation, même en Allemagne, ont été désastreuses ; il ne suffit pas d'acheter la méthode pour être expérimenté. Question de culture. Quand on applique à des individus évolués des méthodes fondées sur le mépris, on déclenche inexorablement la régression de ces individus au stade d'exécutants irresponsables. Le déclin de l'industrie américaine qui ne forme plus qu'essentiellement des managers et sous-traite massivement les activités de conception (et toutes les autres aussi) en est une grande preuve (je travaille depuis dix ans, sur le territoire US, à la modernisation des machines du gouvernement, dépassées technologiquement, contrairement à ce qui est intensivement communiqué. Voyez aussi le recul de la conquête spatiale).

Hélas, nous suivons la même voie ! Je suis persuadé que le renouveau ne pourra venir sans la revalorisation de concepts non informatisables comme la solidarité trans-hiérarchie, l'imprégnation des expériences, les savoir-faire, le jugement humain... C'est subversif, l'informatisation facilite trop le morcellement individualiste et la standardisation par diffusion des logiciels pour que l'être humain fasse l'effort d'échapper à ses excès[1].

---

1. Témoignage envoyé par mail à Vincent de Gaulejac.

Conclusion

Chacun de ces éléments, pris isolément, peut être accepté et supporté. Ce qui fait problème, c'est leur accumulation systémique dans une spirale de renforcement réciproque. Les salariés ont alors le sentiment d'être enserrés dans un nœud de contraintes indépassables, d'exigences contradictoires, de tensions irrépressibles. Ce mal-être s'exacerbe. Il peut conduire à un passage à l'acte lorsque le sujet se sent dans une impasse, pris dans une contradiction sans issue, sans possibilité de médiation, quand il se retrouve piégé dans des alternatives impossibles, des choix insupportables, des exigences indépassables et irréalisables. Le travailleur est alors submergé par des sentiments négatifs qui détruisent ses capacités d'action et d'imagination : « Je ne m'en sors plus ! » Il se sent enfermé dans une nasse, un filet qui ne cesse de se resserrer. Le sentiment est d'autant plus obsédant qu'il a la conviction que personne d'autre ne peut le comprendre et partager sa détresse. Faute d'espace de parole, faute de pouvoir partager ce malaise avec les collègues, face à la dénégation du lien entre son mal-être et ses conditions de travail, il intériorise ces difficultés comme un échec personnel plutôt que de mettre en critique l'organisation du travail et les pratiques de management.

Beaucoup de cadres, d'intervenants, de consultants et de salariés ont cru que la révolution managériale allait enfin réconcilier l'homme et l'entreprise. L'idée de « jouer gagnant/gagnant », reconnaître le mérite et les contributions individuelles de chacun, favoriser la promotion des plus performants, améliorer la qualité, favoriser la mobilité et la réactivité, renforcer l'autonomie individuelle et la responsabilité de chacun, développer les technologies d'information et de communication par une organisation apprenante, mobiliser les équipes sur des projets innovants… Comment ne pas adhérer à ces idées stimulantes en rupture avec les organisations bureaucratiques, hiérarchiques et patronales ? La révolution managériale n'est-elle pas une conception dynamique et innovante qui s'oppose à l'organisation scientifique du travail, marquée par le taylorisme qui se caractérisait par une conception disciplinaire, l'arbitraire des chefs, la loi implacable de la pointeuse, le travail à la chaîne ?

Aujourd'hui cependant, ce n'est plus le corps qu'il s'agit de rendre « utile, docile et productif », selon l'expression de Michel Foucault, mais c'est la mobilisation psychique qui est sollicitée. On stimule la motivation, on encourage l'adhésion, on suscite un investissement subjectif intense.

Après une phase d'enthousiasme, la révolution managériale suscite aujourd'hui bien des désenchantements dont les RPS (risques psychosociaux) sont l'un des symptômes. Tous ceux qui ont tenté d'appliquer les principes du management par l'excellence, par la qualité, par les objectifs, par projet – les dénominations changent mais les principes qui inspirent ces pratiques sont les mêmes – font les mêmes constats. Ils ont tenté d'appliquer les « bonnes recettes managériales » pour augmenter la performance et ils ont vite constaté que ces recettes produisaient des « effets pervers ».

Dans un premier temps, ils ont cru, et on leur a dit, que ces effets indésirables étaient dus à une mauvaise application. Les principes ne devaient pas être remis en question mais seulement la façon dont ils étaient mis en œuvre. Des séminaires sur « la conduite du changement », « manager dans la complexité », « apprendre à manager dans des situations de crise » ont fait leur apparition un peu partout. La thèse dominante était que les résistances des salariés au changement étaient la principale cause des problèmes rencontrés et que les symptômes de mal-être étaient principalement dus à ces résistances. L'argument était naturalisé par un discours parfaitement construit sur le fait que tout changement suscite des résistances et une phase d'adaptation. Il s'agissait donc d'une crise transitoire qui allait bientôt disparaître. Les dysfonctionnements et les désordres étaient tous la conséquence de ces fameuses résistances, et non des réformes elles-mêmes qui ne pouvaient qu'apporter des gains de productivité et améliorer le bien-être et les rémunérations de tous ceux qui n'avaient pas peur.

On retrouve le même argumentaire à propos de la RGPP, de la réforme hospitalière, de la réforme des universités et de toutes les institutions publiques. Les vieilles recettes managériales y sont appliquées massivement et elles produisent les mêmes effets néfastes que dans le privé, avec un facteur aggravant : la majorité des salariés attachés aux valeurs du service public, perçoivent ces réformes comme une remise en cause radicale de leur métier et de leur identité.

Dans ces conditions, il est essentiel de remettre la question du travail au cœur du débat public, d'affirmer que la souffrance ne doit pas être seulement renvoyée aux médecins, aux psychiatres et aux psychologues. Elle doit être entendue comme un symptôme qui révèle une crise de société, une crise des valeurs, un processus de destruction au fondement même du système de production, une question éminemment politique.

II

Symptomatologie

Et moi, suis-je concerné ? Est-ce que je suis malade ? Est-ce que mon organisation est malade ? Est-ce les deux ? Faites le test en répondant aux items suivants par oui/non/quelquefois. Et faites le total…

Oui = 2 Non = 0 Quelquefois = 1

(Parlez sans crainte, les résultats ne seront pas transmis au service des ressources humaines !)

J'ai le sentiment…

1	qu'on me demande de faire plus, mieux et plus vite avec moins	
2	d'être pris(e) dans un cycle infernal qui ne va jamais cesser	
3	qu'il n'y a plus de moments de détente, de respiration ni de temps morts	
4	de perdre une partie de la maîtrise sur l'organisation de mon travail	
5	que les Nouvelles technologies d'information et de communication me soumettent à un contrôle permanent	
6	d'être traité(e) comme un pion, un objet, une unité, un dossier, un agent, un travailleur jetable, bref une ressource qui doit être productive et rentable	

7	que mon activité devient une variable ajustable aux exigences financières managériales, commerciales et techniques	
8	qu'on ne tient pas compte de la valeur de mon travail	
9	d'être infantilisé(e) par des dispositifs d'émulation	
10	que ce n'est plus l'activité qui prime mais le résultat chiffré	
11	que l'adaptabilité, la mobilité, la flexibilité, deviennent les principales qualités requises	
12	que mon métier se perd au profit d'activités polyvalentes	
13	que c'est le comportement qui est évalué plutôt que l'acte et l'œuvre accomplis	
14	que les capacités d'adaptation comptent davantage que les compétences professionnelles	
15	que mon travail s'individualise	
16	qu'il y a moins d'espaces délibératifs et de réflexion collective	
17	que l'avancement au mérite suscite une compétition permanente	
18	que les évaluations portent moins sur mon activité concrète que sur mon adhésion aux valeurs de l'entreprise, mes motivations ou ma mobilisation psychique	
19	que la culture du résultat conduit à adapter mon travail aux critères quantitatifs à partir desquels on l'évalue	
20	que la culture de l'urgence empêche toute distanciation vis-à-vis de mon travail	
21	d'avoir le nez sur le guidon	
22	que s'est développée une novlangue managériale qui ne fait plus sens	

23	de subir des réorganisations permanentes	
24	que les choses sont organisées de manière incohérente	
25	que le plus dur est d'entendre un discours venu d'en haut déclarant que les problèmes viendraient de mon absence de motivation et de mon désinvestissement au travail	
26	de faire des actes contraires à ma conscience	
27	d'avoir vu des collègues sombrer sans réagir	
28	de maquiller des chiffres pour afficher de bons résultats	
29	qu'on me renvoie mes responsabilités quand ça va mal plutôt que quand le travail se fait	
30	que les outils de gestion empêchent de travailler	
31	que la plainte de ne pas pouvoir bien travailler est souvent considérée comme une résistance au changement	
32	que les exigences deviennent de plus en plus paradoxales	
33	qu'il faut incorporer les exigences, les objectifs alors qu'on demande en même temps d'être responsable, créatif	
34	qu'on me met en tension en m'invitant à me mobiliser dans de nouveaux projets sans pour autant m'alléger du travail en cours	
35	que l'excellence devient une norme sociale exigible sur laquelle je dois m'aligner	
36	que l'on met l'accent sur les résultats sans se préoccuper des moyens pour les atteindre	
37	que l'on me renvoie la responsabilité d'échecs dont je ne suis pas responsable	
38	que je ne suis pas récompensé(e) à la hauteur de mes contributions	

39	que l'on me fait penser que je ne suis plus compétent(e)	
40	que l'on pense que je ne suis pas à la hauteur…	
41	que mon travail n'est pas reconnu	
42	que la hiérarchie nie mon mal-être au travail	
43	qu'elle refuse de considérer mes difficultés rencontrées pour « bien faire »	
44	que l'on nous met en concurrence	
45	que je me sens isolé(e)	
46	que le collectif disparaît	
47	que je suis renvoyé(e) à moi-même pour résoudre les difficultés rencontrées	
48	que l'on interprète mes difficultés comme des problèmes personnels	
49	que je suis vulnérable	
50	que l'on nous met en compétition pour les primes, les projets, les promotions	
51	que l'on remet en cause les identités des métiers et des solidarités traditionnelles	
52	que la mobilité (*turn-over*) systématique crée une instabilité permanente et une insécurité menaçante	
53	que se développe le management par le harcèlement	
54	qu'augmente la peur d'être licencié et de perdre son travail	
55	que l'on entretient un climat d'insécurité en invoquant la « guerre économique », la modernisation, la précarisation et la montée du chômage	
56	que la hiérarchie s'occupe de produire des prescriptions idéales et abstraites déconnectées des réalités du « terrain »	
57	que les dirigeants se recrutent dans un microcosme	

58	d'avoir moins confiance dans les dirigeants	
59	que les écarts de revenus ne cessent de s'accroître entre les dirigeants et les salariés	
60	que les choses ne peuvent pas durer ainsi très longtemps	

Résultats :

- Entre 0 et 30 points : vous êtes la zénitude incarnée. Où travaillez-vous déjà ?
- Entre 30 et 60 points : par les temps qui courent, vous ne vous en sortez pas si mal.
- Entre 60 et 90 points : ça y est, vous avez franchi le seuil… Passez vite à la troisième partie du livre sur les moyens de réagir.
- Au-delà de 90 points : consultez le médecin du travail, plaquez tout, partez en cure thermale, faite une croisière, installez-vous à la campagne, allez cultiver votre jardin, échappez-vous sans attendre par n'importe quel moyen…

III

Aux origines de la « révolution managériale »

1
Une instrumentalisation du capital humain

La « révolution managériale » prend sa source dans les pratiques des entreprises multinationales anglo-saxonnes comme IBM, Rank Xerox, Hewlett Packard, American Express... Elle propose une nouvelle conception du management qui prévoit la mise en œuvre d'outils de gestion destinés à optimiser l'utilisation des ressources humaines. Elle cherche à améliorer la productivité pour augmenter la rentabilité. Elle s'appuie sur des travaux universitaires réalisés dans les années 1950 aux États-Unis. On doit à l'économiste américain Théodore William Schultz l'invention de la notion de « capital humain », qui sera popularisée et instrumentalisée par son compatriote Gary Stanley Becker, un des représentants, avec Milton Friedman, de l'École de Chicago, creuset du néolibéralisme. La théorie du capital humain de Becker se présente comme une gestion scientifique de l'humain déconnectée de toute considération idéologique. Elle donne une assise scientiste à ses orientations en les articulant sur la biologie, la génétique et les neurosciences.

Le capital humain désigne l'ensemble des facultés physiques, morales, intellectuelles, esthétiques, relationnelles que les salariés peuvent mettre en vente sur le marché du travail. Selon cette théorie, chaque individu est en lui-même un capital qu'il peut valoriser par sa formation initiale et continue, son expérience professionnelle, sa carrière, le soin apporté à sa santé, ses activités culturelles et de loisir, ses relations personnelles, ses capacités relationnelles, ses goûts et ses talents. Dans toutes les dimensions de son existence, chaque personne doit se considérer comme un centre potentiel d'accumulation de richesse monétaire, à l'instar de l'entreprise capitaliste. À chacun donc de se comporter comme un capitaliste dont le capital ne serait autre que sa propre personne. Le moi de chaque individu est ainsi appelé à devenir un capital qu'il convient de faire fructifier.

La famille elle-même s'apparente à une petite entreprise qui produit des individus employables sur le marché de l'emploi. Dans son livre *A Treatise on the family*, Gary S. Becker s'intéresse au rôle de la famille dans la formation de ce capital. Il y affirme notamment que les parents investissent dans leurs enfants afin de se prémunir au moment de la vieillesse. Il constate que le taux de rendement de l'investissement dans ses enfants est plus élevé que ceux des placements-retraites habituels. Cependant, les parents ne peuvent pas être sûrs que l'enfant en question prendra soin d'eux plus tard. Puisqu'ils ne peuvent pas le forcer juridiquement à le faire, ils utilisent souvent le levier de la manipulation en instillant le sens de la « faute » à leurs enfants, de l'obligation et de l'amour filial. Cela permet, selon cette thèse, de forcer les enfants, indirectement mais très efficacement, à aider leurs parents au moment de la retraite. Becker, en poursuivant son raisonnement, a vu dans la Sécurité sociale un ennemi possible de la famille, en ce qu'elle peut distendre ces liens par la suppression des incitations faites aux parents d'agir de façon altruiste avec leurs enfants.

Cette nouvelle conception de la gestion de l'humain comme un capital fut très vite formalisée et vendue dans le monde entier par l'entremise des grands cabinets de consultants comme Arthur Andersen, McKinsey, Accenture, Ernst and Young, Deloitte, KPMG, PricewaterhouseCooper, Boston Consulting Group… Elle est aujourd'hui enseignée dans les grandes écoles et relayée par une littérature abondante que l'on trouve dans tous les relais H, dans les gares et les aéroports, ainsi que dans les rayons économie et gestion des grandes surfaces. Elle sert de vernis scientifique pour légitimer les processus de « modernisation » des organisations publiques.

Sous l'impulsion donnée par Ronald Reagan aux États-Unis et Margaret Thatcher en Angleterre dans les années 1980, le *New public management* a inspiré l'ensemble des institutions internationales (FMI, Banque mondiale, OMC, OCDE). Les institutions européennes et les gouvernements des pays

« développés » ont été des relais extrêmement puissants de cette conception qui va influencer les gouvernements de droite comme de gauche. Elle s'est banalisée au point de devenir l'idéologie dominante de notre temps et de se répandre dans l'ensemble de la société.

2
De la théorie à la pratique

C'est en s'inspirant de cette révolution conceptuelle qui transforme le « facteur humain » en ressource, que les gestionnaires s'efforcent de rationaliser l'organisation du travail. Ils captent les investissements psychiques et mentaux pour les canaliser vers des objectifs de production au service du développement de l'entreprise. L'énergie libidinale de chaque employé devient une énergie productive captée par l'organisation. Cette conception de l'humain conduit à considérer tous ceux qui ne font pas fructifier leur capital comme des improductifs responsables de leur sort. Les précaires, les chômeurs, les travailleurs pauvres doivent être encouragés à devenir des entrepreneurs et à acquérir les compétences qui leur manquent pour rejoindre la cohorte de tous ceux qui savent gérer leur existence en s'adaptant aux exigences du marché. Chaque individu doit se transformer pour devenir employable et se couler dans les moules fixés par le marché du travail.

Les salariés sont ainsi invités à s'impliquer de façon plus intense, à mobiliser leur subjectivité pour répondre à ces nouvelles exigences d'autonomie et de responsabilité. Les « managers de l'âme » font leur apparition. L'efficacité professionnelle s'évalue désormais à l'aune de la gestion de la relation à soi et à autrui. Il faut « communiquer avec conviction », « s'affirmer », « développer son estime de soi », « progresser en autonomie » ou encore « gérer ses émotions » pour être plus performant[1].

La maîtrise technique ne suffit plus pour être reconnu comme compétent. D'autres qualités « comportementales » sont attendues, sans que l'on puisse les définir aussi clairement, tant elles laissent place à des considérations subjectives et incertaines. Les salariés deviennent responsables des résultats. L'employé ne doit plus seulement se conformer aux règles du métier mais encore aller au-delà de la simple mise en œuvre de moyens pour remplir les objectifs qui lui sont fixés. À la soumission à l'autorité et au respect des normes qui caractérisaient l'ordre taylorien se rajoute une double exigence d'autonomie et de responsabilité. Le salarié est invité à prendre des initiatives, exercer sa réflexivité en contrepartie d'une exigence en termes de résultats. Il est invité à gérer sa carrière comme un entrepreneur, à prendre des risques : mobilité, adaptabilité et employabilité deviennent les maîtres mots de la révolution managériale. Il doit gérer son portefeuille de compétences, acquérir les nouvelles techniques

1. Valérie BRUNEL, *Les managers de l'âme*, La Découverte, 2004.

nécessaires à son activité, être partie prenante de sa formation, apprendre à gérer son capital humain, devenir l'entrepreneur de son existence.

Ces nouveaux « savoir-être » ont des effets paradoxaux. D'un côté, il est difficile de ne pas soutenir un management qui préfère l'adhésion spontanée à l'obéissance imposée, la mobilisation psychique au contrôle hiérarchique, la motivation personnelle à la surveillance disciplinaire. Un travailleur est plus efficace et épanoui s'il se passionne pour son travail, s'il est plus autonome dans la réalisation de sa tâche, s'il échappe à la répétition par une innovation permanente. La mobilité vaut mieux que l'enfermement dans un cadre rigide, la flexibilité permet d'échapper à la routine qui ankylose, l'adaptabilité favorise le dynamisme et la créativité. Mais il y a une autre face à ces mutations managériales : la mobilité met le travailleur dans une insécurité croissante, la flexibilité déstructure ses points de repère. L'autonomie est en partie un leurre puisqu'elle ne vaut que si les objectifs sont atteints, si le salarié se conforme aux attentes de l'entreprise et s'il se moule dans ses prescriptions. C'est un marché de dupes : l'épanouissement de l'individu et son développement personnel ne sont recevables que s'ils contribuent à rendre le salarié plus performant et plus productif.

3
Du privé au public

La révolution managériale, initiée dans le privé, va servir de modèle pour transformer les services et les institutions publiques à partir des postulats suivants : les formes de gestion des entreprises publiques et de l'État sont bureaucratiques, archaïques, coûteuses, inefficaces, il convient de les « moderniser » ; il faut donc introduire une exigence d'« efficience productive » dans tous les services publics à tous les niveaux de l'organisation sur le modèle du management privé considéré comme « moderne », performant, rentable et efficace ; les administrations sont réputées pour demander toujours plus de moyens sans se préoccuper des résultats produits, il convient d'inverser ces mauvaises habitudes et d'affecter les moyens en fonction des résultats.

Pour réformer les institutions, il est d'abord nécessaire de réduire les coûts de l'action publique en sous-traitant au privé le maximum de tâches. La culture client doit se substituer à la culture de l'usager, la compétition en interne et la concurrence en externe doivent être développées en tant que facteurs de stimulation et d'efficacité. Le management par objectif doit conduire chaque employé à se préoccuper du but à atteindre plutôt que d'accroître les moyens dont il dispose. La culture du résultat doit remplacer la culture des moyens, la culture de l'évaluation performative doit se substituer à la culture juridique du contrôle de régularité.

Les conséquences pour les employés des entreprises publiques sont connues : ils cessent d'être des fonctionnaires statutaires. Ils sont soumis aux impératifs de la flexibilité et de la mobilité destinés à remplacer la rigidité et le conservatisme supposés attacher chaque agent à son poste. Les promotions doivent être décidées en fonction du mérite et non plus d'une grille statutaire fondée principalement sur l'ancienneté dans le grade. La culture entrepreneuriale doit remplacer la culture hiérarchique. Le management par l'incitation doit se substituer à la discipline, l'obéissance au chef et la soumission aux directives. Chaque service et chaque agent doivent être responsabilisés et évalués par un système individualisé des performances.

Les inspirateurs du *New Public Management* vont introduire la culture managériale dans les services publics et décliner progressivement leurs pratiques fondées sur l'approche client, la concurrence, le management par objectif, la comptabilité analytique, l'affectation des budgets par enveloppes globales, l'évaluation chiffrée des résultats, la gestion des ressources humaines, l'avancement au mérite, la démarche qualité.

4
Du public à la politique

La politique elle-même est aujourd'hui contaminée par l'idéologie managériale. Elle se préoccupe davantage de gérer les choses plutôt que de gouverner les hommes. Il suffit de constater la frénésie d'actions au détriment de la réflexion sur le long terme, l'évaluation des résultats par des indicateurs quantitatifs plutôt qu'une évaluation démocratique, la politique du chiffre plutôt que la recherche du sens de l'action collective, la soumission des effets de la politique à l'expertise économique, ou encore l'importance des effets d'annonce façonnés par les « communicants ». La politique, comme vision de l'organisation de la cité, comme mise en œuvre d'un projet pour favoriser le bien-être et le vivre-ensemble, se perd dans une vision du monde gestionnaire et productiviste. La fonction du politique n'est plus de construire une société plus harmonieuse mais, comme le dit un membre de cabinet ministériel, de « faire gagner la France[1] ». Le culte de la performance domine la pensée politique, à l'image de ce

1. Aude HARLÉ, *Le coût et le goût du pouvoir : le désenchantement politique face à l'épreuve managériale*, Dalloz, 2010.

conseiller qui rêve d'une France de « soixante millions de Laure Manaudou ». Cette idéologie de l'excellence est profondément destructrice parce qu'elle banalise la lutte des places comme un état normal de la société auquel il faudrait s'adapter ou périr. Mais, si tout le monde cherche à dépasser les autres, que devient le monde commun ?

Le modèle de gouvernance emprunté à l'entreprise a plusieurs conséquences : la comptabilité devient le principal moteur de la décision publique, l'évaluation chiffrée et la culture du résultat supplantent l'évaluation démocratique et la culture politique. La « vérité » comptable prend le pas sur le débat politique, le culte de l'expertise sur la souveraineté du peuple, la compétition sur la solidarité, la « modernisation » sur la défense des services publics. Autant de glissements conceptuels qui rendent raison du fait que la majorité des hommes politiques cherchent désormais moins à construire une société qu'à répondre au marché compassionnel en « pansant » les maux sociaux et les plaies des individus. Le désenchantement domine, renforcé par l'intériorisation de l'idéologie gestionnaire positiviste, utilitariste et objectiviste qui se substitue à une vision véritablement « politique » du monde. Il ne s'agit plus de gouverner, mais de gérer.

5
Une idéologie naturalisée…

La révolution managériale est largement passée inaperçue. Sans doute parce qu'elle ne se présente pas comme un nouveau modèle de société. Elle ne prétend pas à des lendemains qui chantent. Elle ne cherche pas à combler le déclin des « grands récits », ces systèmes de pensée, religieux, scientifiques et politiques qui donnaient du sens à la vie en société et proposaient des visions du monde[1]. Elle ne s'annonce pas comme une nouvelle doctrine politique. Elle se veut pragmatique, opératoire, fonctionnelle, uniquement préoccupée d'efficience. Elle cherche à optimiser le fonctionnement des organisations pour les mettre au service des missions qu'elles se donnent, quelles que soient ces missions. Elle apparaît tout à fait neutre puisqu'elle ne prend pas parti pour telle ou telle doctrine politique. Elle se mesure à l'aune de son efficacité et non à celle des finalités poursuivies. Il n'y a pas une gestion de gauche contre une gestion de droite, simplement

1. Jean-François LYOTARD, *La condition postmoderne*, Minuit, 1979.

des modèles plus performants que d'autres qu'il convient d'appliquer.

Avec la globalisation, cette idéologie s'est diffusée dans des contextes extrêmement différents, dans des organisations qui poursuivent des buts divers. Elle a débordé le secteur privé et marchand pour devenir une référence dans tous les secteurs de la société jusqu'à se développer au cœur de la politique. Le modèle managérial est devenu le modèle de gestion de la société tout entière, sans qu'il apparaisse comme un nouveau système de domination, mais simplement comme une gestion plus efficace que les précédentes, plus dynamique, plus moderne, conçue dans l'intérêt de tous.

Comment être contre plus d'efficience, plus d'excellence, plus de performance, plus de qualité ? Comment s'opposer à une meilleure organisation, à l'évaluation de la production et du service rendu, au principe de l'avancement au mérite ? La révolution managériale a su gagner une bataille idéologique, sans la mener. Elle s'est imposée comme une évidence sans que soit discutée sa pertinence, sans que d'autres alternatives lui soient opposées. Faute de débat public, faute d'opposition, ses effets se sont déplacés du registre sociopolitique au registre psychosomatique.

6
Pourquoi le mal-être empire depuis deux décennies ?

Depuis les années 1980, le mal-être au travail n'a cessé de s'étendre et de s'aggraver. Comment expliquer que le phénomène concerne aujourd'hui la grande majorité des salariés ? Plusieurs facteurs ont exacerbé les tensions et alimenté les sources du mal-être.

Au départ, il y a la pression des actionnaires, ce que les Anglo-Saxons nomment la *share holder value*. Elle n'a cessé de s'intensifier dans le privé à partir du moment où la libre circulation des capitaux a conduit à dissocier l'économie financière de l'économie de production. Les exigences sur les taux de rentabilité du capital se sont accrues jusqu'à dépasser les deux chiffres (10, 15, 20 %) alors que les gains de production se stabilisaient « normalement », autour de 4 à 5 % en vitesse de croisière. Dans ces conditions, les pressions sur le travail (accroissement de la productivité, réduction des effectifs, baisse de la masse salariale, baisse des rémunérations, augmentation du temps de travail...) se sont fortement accrues.

La pression des actionnaires a contraint les responsables économiques et politiques à faire de la compétitivité leur maître mot. Un projet dont la mise en œuvre fut facilitée par le fait que la globalisation avait conduit à naturaliser la guerre économique. En devenant une donnée inéluctable, le combat de tous contre tous a progressivement imposé la culture de la haute performance. Les exigences d'adaptabilité, de flexibilité, de réactivité, de mobilité prirent alors le statut de nécessités indiscutables, de données quasi naturelles qu'il convenait à tout prix de respecter, faute de disparaître.

Il en est résulté un état de crise permanent : le maintien du chômage à un niveau élevé, le développement d'une lutte des places intense sur le marché du travail, en externe, et au sein des organisations, en interne, mettent les salariés dans l'incertitude, l'angoisse du lendemain, la peur de la précarité et de la régression sociale. Autant de facteurs qui favorisent la soumission aux exigences des employeurs et l'adaptation aux injonctions managériales.

De plus, les nouvelles technologies de l'information et de la communication (NTIC) ont figé dans un cadre normatif des modes de gestion sur lesquels les salariés n'ont plus de prise. Elles imposent des prescriptions, des modes de calcul, des modélisations qui réduisent les marges de manœuvre, imposent des codifications rigides et des modalités d'évaluation quantifiées vécues comme autant de facteurs d'instrumentalisation des personnes et de réification des travailleurs. Les experts se multiplient pour modéliser et imposer des normes au nom de la qualité (*cf.* les normes ISO) et du renforcement des systèmes de contrôle. L'autonomie mise en avant comme facteur de réalisation de soi-même est totalement encadrée. L'activité du sujet au travail est constamment objectivée, réduisant les espaces de liberté, d'initiative, de créativité et de respiration qui permettaient de s'épanouir.

Le mal-être au travail est la conséquence de ces mutations du management, concentrées dans un temps très court. Faute de pouvoir s'exprimer dans le registre public, les résistances à ces nouvelles pratiques de gouvernance s'expriment dans les registres de l'intime et du personnel. C'est la raison pour laquelle il convient de considérer le registre de la souffrance, puisque c'est là que le mal-être s'exprime. Mais il est tout aussi nécessaire de réintroduire les enjeux du travail dans le champ politique, parce que c'est là que se trouvent les réponses. Il convient de quitter le registre de la souffrance individuelle pour retrouver celui de la contestation collective.

IV

Comment en sortir ?

Le mal-être au travail n'est pas une maladie mais le symptôme d'un mal qui touche l'ensemble des organisations. Il est donc illusoire de vouloir l'éliminer ou de chercher à le guérir à l'échelle individuelle. Si l'on veut l'éradiquer en profondeur, il convient d'abord d'en comprendre le sens afin de pouvoir agir sur ses causes profondes.

En replaçant le problème à son véritable niveau, il devient possible de dépasser le débat récurrent sur les causes du mal-être, entre ceux qui le renvoient à la personne et ceux qui accusent l'organisation du travail et les pratiques de management. Les deux restent indissociables : il y a des organisations pathogènes et des salariés particulièrement vulnérables. Il faut donc agir simultanément pour aider les personnes et transformer les organisations.

Les solutions sont à portée de main.

Certaines peuvent être mises en œuvre facilement, par une modification des comportements de chacun, à son niveau. D'autres concernent les organisations et le management. Elles demandent un investissement de l'ensemble des parties prenantes. D'autres enfin nécessitent une véritable révolution, un changement radical des mentalités, d'autres façons de penser le travail, l'organisation des entreprises et la société dans son ensemble.

Ce que chacun peut faire, individuellement

1. D'abord se protéger sans se résigner

Le mal-être est insidieux. Il commence par des symptômes légers, dont on dit : « Ce n'est pas grave, ça va passer. » Il s'aggrave par étapes, avec des alertes plus ou moins prononcées. « Je n'en peux plus, je suis vidé, je me sens isolé, je vais au travail une boule dans la gorge, le cœur serré. » Il est important de se protéger avant qu'il ne soit trop tard, avant que la maladie ne s'installe et que l'aide d'un médecin ou d'un psychologue ne devienne inévitable. Il convient donc, avant tout, d'être vigilant, pour soi et pour ses collègues, d'apprendre à se défendre en désinvestissant l'envie de bien faire malgré tout, en ne mettant pas sous pression ses proches au prétexte qu'on l'est soi-même, en réduisant le temps consacré au travail en dehors des heures contraintes, et surtout, en prenant soin de soi. Lorsque le travail n'est plus la santé, il faut se mobiliser pour combattre ses effets nocifs plutôt que de vouloir répondre à tout prix à des exigences impossibles. Avant de ne plus en pouvoir, il convient de mieux comprendre les sources de son mal-être et en tirer les conséquences.

On est parfois amené, pour s'adapter à la violence du travail pour mieux en supporter les effets, à mettre en place des *réactions défensives* qui conduisent à vivre avec en essayant d'en atténuer les effets. La plus courante est le clivage qui produit un dédoublement de la personnalité. Une partie du Moi s'adapte aux exigences de l'organisation et se laisse instrumentaliser ; une autre résiste et tente de se préserver en sauvegardant la possibilité d'être sujet malgré tout. D'autres mécanismes de défense sont observables comme l'isolement, le repli sur soi, le déni, l'hyperactivité, le surinvestissement dans le travail, l'alcoolisme, la drogue…

Les réactions défensives sont des conduites d'adaptation. Il convient de les différencier des *processus de dégagement* qui conduisent le sujet à extérioriser la violence, à se dégager de la souffrance produite par l'instrumentalisation, la perte de sens ou les injonctions paradoxales. Par exemple, en refusant l'exigence du toujours plus, la course à l'excellence, la lutte des places. Il s'agit alors de travailler mieux plutôt que travailler plus, de s'investir dans l'action collective plutôt que le sauve-qui-peut individuel, d'analyser les causes du mal-être plutôt que les subir, de refuser la résignation et la soumission à l'autorité pour produire d'autres façons de travailler, de développer des espaces de médiations contre les processus paradoxants. Face à la perte de sens et au sentiment d'être instrumentalisé, le recentrage sur sa tâche primaire est un bon moyen de ressourcement. Retrouver le cœur du métier là où le travail fait sens, là où le salarié peut retrouver l'estime et la confiance en soi, là où il se sent compétent, là où le savoir-faire peut compenser les effets pervers du « savoir être ».

L'individu retrouve le sens et l'estime de soi en refusant tout ce qui conduit à le récuser comme sujet. La résistance initiale est d'abord et avant tout dans le refus individuel d'accepter un pouvoir qui le maltraite. Mais ces réactions individuelles ne sont pas suffisantes pour lutter contre la maltraitance institutionnelle. C'est dans l'action collective qu'elles trouvent la possibilité de changer les choses.

2. Comprendre la nature de l'idéologie managériale

L'analyse de l'idéologie managériale est un préalable pour se dégager de son emprise. La pensée managériale tire principalement sa force de séduction de sa prétention à ne pas être une idéologie. Elle s'impose comme un fait de nature et ne donne prise à aucune contestation. Elle se présente sous l'apparence de la neutralité, du pragmatisme et du souci d'« objectivité ». Elle s'affiche « ni de gauche ni de droite » mais simplement « conforme à la réalité ». Ce système de pensée cache, sous les dehors d'une parfaite rationalité, son parti pris idéologique. Il entretient en effet une illusion et dissimule un projet de domination. L'illusion de la toute-puissance, de la maîtrise absolue, de la neutralité des techniques et de la modélisation des conduites humaines. Un projet de domination au service d'un système économique qui légitime le profit financier comme seule finalité.

L'idéologie managériale se fonde sur un certain nombre de présupposés, de postulats, de croyances, d'hypothèses et de méthodes qu'il convient de remettre en question. Le paradigme objectiviste, qui donne un vernis de scientificité à la « science managériale », se décline selon quatre principes :

- ils décrivent l'entreprise comme un univers fonctionnel,
- à partir de procédures construites sur le modèle expérimental,
- dominé par une conception utilitariste de l'action
- et une vision instrumentale de l'humain.

Ce discours séduit ceux qui rêvent de rendre les organisations plus efficaces, qui affirment rechercher une action de l'État plus rationnelle et moins coûteuse, qui prétendent favoriser la promotion des plus méritants, qui déclarent vouloir améliorer l'efficience des services publics, qui souhaitent promouvoir l'excellence dans tous les domaines de la vie sociale et publique. C'est pourquoi la plupart de ceux qui s'en réclament ne font pas le lien entre ce discours et l'émergence du mal-être au travail. Bien au contraire, ils pensent que c'est la résistance à ces changements qui est la cause principale du malaise plutôt que l'inverse. Au mieux, ils reconnaissent l'effet d'une crise passagère, due à des résistances archaïques face à la nouveauté. Car le changement fait peur, c'est bien connu. Pour briser tous les conservatismes qui s'opposent à cette révolution managériale et à ses valeurs, les tenants du système se proposent d'aider les employés à « apprivoiser le changement ». Par exemple en les incitant à suivre des stages pour « mieux gérer leur stress » !

Pour la raison qu'elle avance sous le masque de l'évidence, il est donc vain de vouloir se lancer à l'assaut de l'idéologie managériale avec les armes traditionnelles du combat idéologique. On ne peut pas l'attaquer frontalement puisqu'elle ne laisse pas de place à la contradiction. Il est toutefois possible de résister à son emprise en dénonçant le parti pris qui se cache derrière sa neutralité de façade et en demandant des comptes sur sa supposée efficacité. C'est ainsi qu'on parvient souvent à faire des brèches par lesquelles peuvent filtrer d'autres conceptions afin de subvertir la domination de l'évidence. Car, comme tout système englobant, l'idéologie managériale ne redoute rien tant que l'expression d'un point de vue extérieur, fût-il minoritaire. L'existence même d'une extériorité constitue pour elle une remise en cause radicale en ce qu'elle vient démentir son caractère indépassable. Dans une pièce entièrement close, un peu de lumière suffit à repousser beaucoup d'obscurité.

3. Refuser le psychologisme et l'individualisation

Fort de cette connaissance, on peut alors sortir de l'isolement en réalisant que l'on n'est pas seul à souffrir des mêmes maux. La souffrance au travail est un phénomène social et « globalitaire ». Il touche l'ensemble des travailleurs du monde entier. Spontanément, chaque salarié se croit seul et tout est fait pour le conforter dans cette croyance. Il est donc indispensable de se convaincre que le mal-être qu'on éprouve au niveau personnel et psychologique n'est, en réalité, qu'une souffrance sociale liée à un système de pouvoir qu'il faut changer.

Certes, au niveau individuel, l'accompagnement clinique de la souffrance peut être nécessaire. Des espaces d'écoute et de prise en charge sont utiles pour traiter le mal-être, en particulier dans ses manifestations somatiques et psychosomatiques. Mais il convient toujours de relier le traitement personnalisé aux causes du malaise. Les réponses médicales, psychiatriques et psychologiques pour traiter les symptômes doivent être accompagnées d'un travail de dé-médicalisation et de dé-psychologisation. Car, si le mal est perçu comme une souffrance personnelle et singulière, ses racines ne sont pas « en soi », elles sont dans le rapport entre soi et des situations de travail, donc dans l'organisation. L'essentiel ne réside donc pas dans l'élimination du symptôme corporel et/ou psychique, mais dans le repérage de ses sources, au niveau de l'organisation du travail et des modes de management.

Une des meilleures façons de résister à l'individualisation consiste à faire valoir un « nous » collectif à toutes les procédures et les pratiques de management lorsqu'elles renvoient au salarié pris isolément la responsabilité de ses mérites ou de ses échecs, de ses contributions ou de ses insuffisances. La performance, dans le champ du travail, est d'abord une question collective qui ne peut jamais se réduire à la juxtaposition des contributions de chacun. Les systèmes d'évaluation de l'efficience individuelle ne rendent pas compte du fait que la qualité réelle du service rendu dépend d'autres facteurs comme le contexte, les moyens mobilisés et la qualité de la coopération entre les différents acteurs. Il convient donc de s'opposer à toutes ces pratiques qui, au nom du mérite ou de l'évaluation, renvoient à des réponses individuelles en réaffirmant son appartenance à un collectif.

4. Dénoncer les ravages de la compétition permanente et de la course à l'excellence

La pensée managériale impose l'idée qu'il faut être toujours plus efficace et productif pour survivre. La compétition est considérée comme une donnée « naturelle » à laquelle il faut bien s'adapter. La compétitivité est présentée comme l'alpha et l'oméga de la réussite. On préconise l'« excellence durable », alors même que c'est elle qui produit l'exclusion. On banalise l'exigence du toujours plus. Il faut être au-delà des attentes, dépasser les objectifs fixés pour être reconnu. Travailler bien ne suffit plus, il faut travailler plus. Les tyrannies de l'idéal sont un phénomène social central des sociétés hypermodernes[1]. Les organisations exigent toujours plus de leurs employés qui ont le sentiment de n'être jamais à la hauteur. Et chacun d'attendre une reconnaissance qui n'est que chichement délivrée. Qualité totale, zéro défaut, excellence durable, le management produit un système de prescriptions idéales, sanctionné socialement. La prescription de l'idéal installe un univers d'exigences sans limites dans lequel le salarié est toujours coupable de n'en faire jamais assez, de n'être jamais à la hauteur de ce que l'on attend de lui. Dans le monde du règlement, les contraintes sont connues, visibles, repérables ; dans l'univers de la prescription de l'idéal, elles sont illimitées, instables, infinies.

Il faut refuser ce projet qui a un caractère « délirant », refuser la course folle à l'excellence, au toujours plus, refuser de participer à la lutte des places lorsqu'elle détruit les solidarités. Il faut revenir aux sources de la citoyenneté et de la démocratie. Construire un monde commun dont la finalité n'est pas de travailler plus pour gagner plus mais de cultiver l'être ensemble, pour vivre mieux.

5. Apprendre à se dégager des paradoxes

Le paradoxe, outil du pouvoir managérial, fait perdre la raison, au sens propre et au sens figuré : il fait perdre le sens des choses et il rend fou. Par

1. Marie-Anne Dujarier, *L'idéal au travail*, *op. cit.*

exemple, lorsque des salariés reçoivent la même semaine une prime pour les bons résultats obtenus l'année précédente et l'annonce de la fermeture du site où ils travaillent. L'annonce simultanée de plans sociaux et de résultats positifs est devenue une pratique courante. Lorsque les effectifs baissent, les actions montent. Ces exemples sont des « désastres symboliques ». Le double langage sur le travail produit dans le même temps une mobilisation subjective, parce qu'elle crée une obligation de résultat, et une immobilisation de l'action, parce qu'elle ne donne pas les moyens opératoires de les réaliser. C'est l'essence même du pouvoir managérial d'enfermer les travailleurs dans des paradoxes, dans des impasses, dans des conflits non symbolisables.

Un système de communication paradoxant peut rendre fou. Le seul moyen d'échapper à la folie est d'analyser le paradoxe. Les psychologues évoquent à ce propos un niveau *meta* (en surplomb) qui permet d'échapper au paradoxe en le comprenant de l'extérieur. Le registre symbolique est de même nature. Il permet de refonder un sens en dehors du système de légitimation interne que tout pouvoir met en œuvre. Pour sortir de la répétition, il faut sortir du cadre dans lequel on a pensé le problème, c'est-à-dire du piège qui consiste à chercher la solution à partir d'éléments qui en sont la cause. Par exemple, les multiples techniques pour apprendre à « gérer » son stress ne font que l'entretenir puisque c'est le mode de gestion lui-même qui en est la cause. Dans ces conditions, le dégagement du stress n'est pas de l'ordre de l'apprentissage d'un comportement opératoire mais de l'ordre de la compréhension en profondeur de ses causes et de ses effets. Pour s'en dégager, il faut donner au sujet les moyens de faire des liens entre la pression du travail et son fonctionnement psychique. Proposer de « gérer le stress » ne fait que l'entretenir en apprenant, au mieux, à le supporter.

Échapper au stress, c'est sortir de l'univers de la gestion. Sinon le sujet s'enferme dans un paradoxe qui consiste à chercher la solution du problème dans ce qui le produit. Les paradigmes au fondement des sciences de la gestion ne permettent pas de comprendre les sources d'un pouvoir paradoxant. Il convient donc d'aller chercher ces clés de compréhension dans d'autres disciplines scientifiques, du côté des sciences humaines et des sciences sociales, mais aussi du côté de l'histoire, de la psychanalyse, et de la philosophie, non pas comme simple vernis culturel, mais parce que les organisations sont avant tout des constructions humaines et sociales au cœur des rapports entre l'être de l'homme et l'être de la société.

Cette prise de distance « théorique » doit se combiner avec une prise de distance existentielle. Pour ne pas se laisser enfermer dans un système paradoxant, il faut ouvrir d'autres espaces d'investissement à côté du travail, comme la famille, le sport, la randonnée, les voyages, la poésie, la culture, l'art, le divertissement sous toutes ses formes, la spiritualité. Changer d'air, réapprendre les hiérarchies essentielles, retrouver le temps de vivre : la tranquillité plutôt que l'urgence, la convivialité plutôt que la compétition, le désœuvrement plutôt que le toujours plus, la contemplation plutôt que l'agitation, la communication concrète avec des humains incarnés plutôt que la communication virtuelle avec des machines « intelligentes ».

6. Combattre les illusions de la mesure et la fausse objectivité

Le souci d'objectivation s'est longtemps imposé comme la quintessence de l'approche scientifique. Comprendre, c'est modéliser en isolant un certain nombre de variables et de paramètres que l'on va pouvoir mesurer. Le langage « royal » de ce processus d'objectivation est fondé sur le modèle du calcul mathématique.

Dans le monde de la rationalité formelle, toutes les variables non mesurables sont d'abord mises de côté puis, de fait, éliminées. On se réfère à un individu au comportement rationnel qui offre aux chercheurs une commodité majeure : on peut prévoir son comportement, optimiser ses choix, mesurer ses aptitudes et programmer son existence. L'*homo œconomicus* peut être assimilé à un « monstre anthropologique habité par une supposée rationalité qui ramène tous les problèmes de l'existence humaine à un calcul[1] ». Dans cette

1. Pierre Bourdieu, *Les structures sociales de l'économie*, Seuil, 2000.

logique de pensée, on exclut de l'analyse tout ce qui est considéré comme irrationnel, parce que non objectivable, non mesurable, non calculable. Les registres affectif, émotionnel, imaginaire et subjectif sont considérés comme non fiables et non pertinents. Ils n'existent qu'à partir du moment où on peut les traduire en chiffres.

Cette fiction autorise certains chercheurs à ne plus se préoccuper de l'observation concrète de la condition humaine pour s'évader dans l'univers abstrait des équations mathématiques. Il y a un risque de quantophrénie aiguë (la maladie de la mesure) qui guette tous ceux qui, au lieu de mesurer pour mieux comprendre, ne veulent comprendre que ce qui est mesurable.

Cet impérialisme épistémologique (domination d'une façon de penser) doit être combattu. La connaissance doit permettre à chaque individu de rendre intelligible son expérience, les situations qu'il rencontre, les conflits qu'il est amené à vivre. Elle doit apporter des réponses à son besoin de cohérence, de logique, en faisant appel à la raison. Elle doit enfin lui permettre de développer ses capacités d'historicité, c'est-à-dire la faculté de comprendre les enjeux du passé pour mieux se situer dans le présent et se projeter dans l'avenir. On est loin d'une conception objectiviste et utilitariste. L'important n'est pas de répertorier des facteurs, de mesurer des paramètres, de calculer des fonctions collectives, des ratios coûts/avantages ou coûts/efficacité, d'optimiser des courbes de ventes ou de maximiser ses marges. L'important est de comprendre des significations, d'aider chacun à analyser le sens de son expérience, de définir les finalités de ses actions, de lui permettre de contribuer à produire la société dans laquelle il vit.

7. Savoir dire « non ! »

On a tendance à croire qu'il n'y a pas d'autre alternative que d'accepter ou de partir. Deux « solutions » tout aussi inadéquates et coûteuses l'une que l'autre.

La première conduit à incorporer les exigences managériales, à s'adapter. L'adaptabilité est constamment célébrée comme une qualité nécessaire par la novlangue managériale. Mais pour s'adapter, il faut se cliver. Une partie de soi accepte de se plier aux injonctions de l'organisation, se sent obligée d'accepter des activités qu'elle réprouve par ailleurs, de tenter de trouver des compromis. Une autre, qui est petit à petit refoulée, tente de résister en différant dans le temps l'expression du refus. On rêve d'un moment futur où les choses iront mieux, où les conflits seront apaisés, où la « crise » sera passée. On rêve d'un ailleurs où l'on pourra se réconcilier avec soi-même, d'un monde où les contradictions ne seront plus aussi déchirantes. Rêve illusoire, dans la mesure où, lorsque le clivage s'installe, il conduit la personne à être divisée de l'intérieur, à entretenir une déchirure interne qui se perpétue et s'approfondit.

La seconde solution conduit à se protéger de la maltraitance institutionnelle en s'échappant. Il existe différentes formes d'escapades. Se laisser placardiser, présenter sa démission, anticiper la retraite, se mettre en arrêt maladie ou encore se suicider. Certains seront choqués de lire ces lignes, face à la brutalité du diagnostic. Le suicide est effectivement un moyen d'échapper à la violence, ou plutôt de penser s'en échapper, par une autre violence. Le problème est qu'il n'y a plus d'ailleurs ailleurs qu'ici, sinon à la marge, dans des refuges marginalisés qui produisent sa propre exclusion. Le fantasme de l'ermite qui trouve son épanouissement dans un lieu retiré à l'écart de la violence du monde ne convient pas à tout le monde. Comme la quête de l'excellence, c'est une tentative « hors du commun » qui détruit le monde commun, ce monde dont on a besoin pour vivre ensemble.

Accepter ou partir, se résigner ou se détruire ne sont donc pas de bonnes réponses, quand bien même certains disent se réaliser en s'adaptant et d'autres se protéger en se sauvant. Certains « jouent le jeu », d'autres non. Les premiers ont tendance à reprocher aux seconds leur défaillance, leur retrait, leur résistance. Il faut dénoncer cette entreprise de culpabilisation de la part de ceux qui sont complices de la mise en œuvre de cette gestion pernicieuse.

Mais quelle est alors la bonne posture ? C'est ici que s'articulent l'individuel et le collectif. L'affirmation d'une opposition ne prend toute sa mesure que dans un refus collectif. Au niveau individuel, le sujet peut refuser d'intérioriser la contradiction en s'opposant à tout ce qui conduit à le mettre en incohérence entre ce qu'il pense, ce qu'il dit et ce qu'il fait. Dire « non »! Avec une nuance stratégique qui consiste à ne pas se mettre en danger. Il est des moments ou « faire comme si », adopter une posture d'acceptation partielle sont nécessaires pour ne pas risquer d'être maltraité. Il est des circonstances dans lesquelles les réactions purement individuelles sont risquées parce qu'elles entraînent des sanctions immédiates ou une marginalisation progressive. Face à un collectif, les menaces sont souvent plus virtuelles qu'effectives. Le collectif peut refuser les dispositifs d'avancement au mérite, la distribution des primes, la soumission à des entretiens d'appréciation-conseil, la signature des fiches d'évaluation. Il peut refuser d'entrer dans la course à l'excellence ou de l'imposer aux autres. Il peut s'opposer à faire subir aux autres la pression de l'urgence, la violence de la lutte des places, la culture des résultats. Il peut aussi ne pas accepter les petits arrangements qui conduisent à fermer les yeux sur des transgressions, des tricheries, des malversations, lorsqu'elles se font au détriment de l'intérêt collectif. Il peut surtout manifester sa compréhension, sa solidarité et son empathie pour celui ou celle qui est en difficulté. Autant d'expression du refus de se laisser aliéner et instrumentaliser.

C'est d'abord dans le refus de se laisser manipuler que le sujet se révèle, qu'il retrouve le sens et la dignité. Dire « non ! » est aussi le moyen de reconstituer des solidarités, des collectifs, des moyens d'agir, de sortir de l'individualisation qui produit impuissance et résignation, de retrouver le sens de la lutte qui redonne l'espérance et le goût de vivre, ensemble.

Ce que l'on peut faire collectivement

8. Faire confiance au sujet dans l'action collective

Il convient en préalable de partir d'un constat : chacun de nous a envie de travailler. Nous avons à cœur le désir que le travail soit bien fait. Nous souffrons de ne pas pouvoir nous épanouir dans notre milieu de travail. On peut donc faire confiance au sujet pour qu'il mette tout en œuvre pour travailler mieux.

Chacun peut et doit contribuer à la production du sens de l'action collective. La rationalité instrumentale est une négation de l'humain. Tout ce qui tend à objectiver et à instrumentaliser les individus, dans la réflexion comme dans l'action, se heurte constamment à la volonté, plus ou moins affirmée selon les personnes, d'être considérées comme des sujets. Dans les processus de production de biens, de services, comme dans la production de la connaissance, il faut favoriser ce qui concourt au développement des capacités réflexives individuelles et collectives.

Les êtres humains ne sont pas des choses. Au fondement même de l'humain demeure une aspiration de se construire comme un être singulier relié aux autres dans un désir d'accomplissement. C'est ce paradigme central qui doit fonder la connaissance et la conception de l'action humaine. La quête de chaque homme pour devenir un sujet s'exprime en particulier dans l'investissement du travail.

L'activité délibérée s'oppose à l'activité instrumentalisée. Elle favorise l'émergence de sujets réflexifs. Elle offre la possibilité pour tout être humain de mettre en œuvre une cohérence entre sa réflexion et ses actions. Aucune organisation, aussi technocratique ou bureaucratique soit-elle, ne peut fonctionner sans que s'exerce un minimum de pensée critique. Chaque agent développe une intelligence permanente pour que « ça marche », en complément ou en contradiction avec les prescriptions que « le système » énonce. Mais le plus souvent, les capacités délibératives sont, surtout dans les organisations de masse, soit inhibées, soit canalisées sur des objectifs quantitatifs. Pour inverser cette tendance, il faudrait faire confiance aux travailleurs plutôt qu'aux prescriptions, à leur intelligence plutôt qu'aux procédures, à leur capacité d'action plutôt qu'aux règlements. Le sujet réflexif sait développer ses capacités créatrices dans un environnement où la confiance l'emporte sur le contrôle, l'initiative sur la mesure des résultats, la sublimation sur la toute-puissance.

Chaque travailleur est producteur de la société et des organisations dans lesquelles il vit. On dit couramment « auxquelles il appartient ». Être sujet, c'est n'appartenir à personne, ni à des personnes physiques, ni à des personnes morales. Le sujet n'appartient qu'à lui-même. Par contre, il sait qu'on ne peut être sujet tout seul, sans s'insérer dans un collectif, sans contribuer au bien commun. L'essence même de la collaboration et de la créativité humaine trouve sa source dans des formes d'organisations qui permettent à chacun de ses membres de développer ses potentialités propres tout en respectant les autres. La gestion devrait donc se préoccuper de ce qui « fait société ».

L'entreprise ne trouve pas sa finalité en elle-même. Elle est un moyen, parmi d'autres, pour produire la société et améliorer le bien-être collectif, même de ceux qui ne lui « appartiennent » pas. Elle doit donc prendre en compte les conséquences humaines, sociales et environnementales de son fonctionnement en intégrant ces différents paramètres dans son système de gestion.

9. Redonner du sens à l'activité

Lorsque l'activité fait sens pour le sujet, l'équilibre mental et psychique de celui-ci est préservé. Il peut alors mobiliser toutes ses capacités réflexives et créatrices. Nul besoin de grands discours lorsqu'il y a une cohérence entre les objectifs poursuivis, les moyens mis en œuvre et l'évaluation de l'activité. On attend de la gestion cette cohérence qui fait cruellement défaut dans les entreprises managériales entre le vécu et le discours, entre le prescrit et le réalisable, entre le chiffre et ce qu'il mesure.

La discussion collective, la confrontation des points de vue, permettent de redonner du sens à l'action, d'en évaluer la pertinence, de remettre de la régulation dans un monde menacé par le chaos.

L'homme rationnel, selon les paradigmes de l'économie classique, cherche principalement à optimiser ses ressources et défendre ses intérêts par des comportements stratégiques. C'est un homme amputé de ses émotions, de ses capacités imaginatives et surtout privé du besoin de donner du sens à son existence. L'ordre symbolique est l'expression de ce besoin. En premier lieu par le langage qui permet de communiquer, d'élaborer, de mettre en mots. En second lieu dans la construction permanente de symboles qui fixent les repères et les références nécessaires à la vie sociale. Lorsque l'obsession des résultats se substitue aux autres considérations, elle produit une forme de symbolisation formelle et désincarnée qui ne peut satisfaire le besoin de croire. La quantophrénie, l'insignifiance, la normalisation de l'idéal, sont autant de processus qui illustrent la faillite symbolique des discours gestionnaires.

Ce qui compte, ce ne sont pas seulement les résultats de l'action mais l'activité elle-même, la façon dont elle est menée. L'utilitarisme instauré comme finalité engendre le non-sens. Dans le monde de la gestion où tout doit servir à quelque chose, le sens lui-même devient paradoxal. Car une finalité, une fois atteinte, cesse d'être une fin et perd sa capacité de guider et de justifier l'action. Vouloir être numéro 1 n'a pas de sens dans la durée. On peut le concevoir, à la rigueur, comme un objectif transitoire. Mais une fois atteint, il perd son sens. Il devient même destructeur dans la mesure où il soumet le système à une course en avant insensée. L'accumulation capitalistique ne peut trouver son sens en lui-même. Elle ne peut se concevoir en dehors d'une autre finalité, celle de produire de la richesse pour le bien commun.

Loin de l'utilitarisme productiviste, les travailleurs ont besoin de sentir que leur travail est utile pour la collectivité, de retrouver les valeurs du « service public », au sens premier du terme, d'être fiers de ce qu'ils font.

10. Contrer le règne de l'expertise des grands cabinets de consultants

Le management trouve dans le modèle expérimental les fondements d'une scientificité qui lui échappe. Par exemple, l'organisation scientifique du travail, quand bien même elle est considérée comme étant aujourd'hui dépassée, est une référence importante des « sciences » de la gestion. Dans cette orientation, le travailleur est l'objet d'une observation attentive et systématique par des experts qui vont en tirer des conclusions opératoires. L'acte de travail est décomposé en unités de base permettant de reconstituer la démarche optimum dans l'exécution des différentes tâches à accomplir. L'objectif d'une telle approche est bien évidemment d'améliorer la productivité et le rendement. Les travailleurs sont considérés comme les rouages d'une machine ou les éléments d'un système. La rationalité instrumentale consiste à mettre en œuvre une panoplie impressionnante de méthodes et de techniques pour mesurer l'activité humaine, la transformer en indicateurs, la calibrer en fonction de paramètres précis, la canaliser pour répondre aux exigences de productivité.

Dans l'univers expérimental, l'expert maîtrise les modalités d'élaboration et d'application de la méthode. La discussion sur le « comment » tend à éliminer la question du « pourquoi ». Les agents peuvent, à la rigueur, discuter sur les moyens mais pas sur les finalités. La démonstration expérimentale impose sa « logique » de vérité à toutes les autres formes de savoir. L'expertise devient la référence majeure dans le processus de décision.

La plupart des dirigeants des grandes organisations réfléchissent par procuration. Ils payent (parfois très cher) des cabinets de consultants pour réfléchir à leur place et mettre en œuvre la culture de « la haute performance ». Ces officines vendent des recettes préétablies censées rendre le fonctionnement de l'organisation plus efficient, plus rationnel, plus productif. En définitive, elles mettent en place une modélisation du réel sous forme de tableaux de bord, d'indicateurs, de ratios, etc., autant de langages normatifs qui s'imposent aux travailleurs de l'entreprise. Appuyés sur les NTIC (Nouvelles technologies d'information et de communication), ces modes opératoires s'appliquent sans discussion possible en normalisant les pratiques et l'activité sur des modèles prescriptifs.

L'expert-consultant règne alors en maître. C'est lui qui sait ce qu'il convient de faire en s'appuyant sur un diagnostic, une observation « objective » des faits et une démonstration implacable des forces et des faiblesses de l'organisation. Les travailleurs sont considérés comme des objets sur lesquels on procède à des expérimentations diverses : comparaison avec des groupes témoins, prélèvement d'informations par questionnaires fermés, observation des comportements et mesures différentielles à partir de la variation des conditions d'expériences, etc. En définitive, ces officines sont au service de la « révolution managériale ». Elles imposent l'idée que la « modernisation » est une nécessité vitale et qu'il faut lutter contre toutes les formes de résistances au changement.

Cette « révolution » contient en elle-même un principe d'autolégitimation qui neutralise toutes les critiques : ceux qui sont contre n'ont pas encore compris le sens des réformes proposées, leur caractère inéluctable, et ses bienfaits. Le discours est toujours le même : ces résistances finiront bien par céder devant l'évidence des « faits » ; la compétition, la globalisation, la rentabilité sont nécessaires à la survie de l'entreprise ; la réduction des effectifs pour équilibrer les budgets est une « réalité » à laquelle il faut se soumettre.

Il convient de refuser ces fausses évidences, de montrer que ces « réalités » sont des constructions imaginaires « leurrantes » destinées à faire accepter un certain état des choses. Il faut refuser de banaliser la compétition alors que le monde a besoin de coopération, refuser la lutte des places pour favoriser l'intégration de tous. Il faut montrer que les réorganisations permanentes sont la cause première du mal-être au travail, que ce mal-être est à l'œuvre chez les consultants eux-mêmes, qu'ils exportent des modèles périmés et destructeurs.

11. Repenser l'évaluation

Une autre conception de l'évaluation est possible. Non pour renforcer le pouvoir managérial, mais plutôt la démocratie. Non pour réduire la question de l'objectivité à celle de la mesure, mais pour considérer que, dans le domaine de l'activité humaine, la seule objectivité qui vaille naît de la confrontation entre des points de vue différents. La fameuse « neutralité de l'expert » est un leurre. L'expert est au service de celui qui le paye. Si ses conseils peuvent être utiles et judicieux, ils ne sont pas neutres.

Pour sortir de l'illusion objectiviste, il convient de développer l'évaluation dynamique[1]. Elle consiste à mettre en perspective les jugements de valeur des différents acteurs concernés par le processus que l'on cherche à évaluer. Chacun (direction, usagers, clients, salariés, fournisseurs de ressources, producteurs des services...) est invité à définir la valeur qu'il attribue à l'activité considérée.

1. Vincent DE GAULEJAC, Michel BONETTI, Jean FRAISSE, *L'évaluation dynamique dans les organisations publiques*, Les Éditions d'Organisation, 1987.

Un espace de réflexivité permet d'aider les différents acteurs du système à préciser son point de vue, écouter celui des autres et en discuter la pertinence. La compréhension des jugements de valeur des autres est un moment précieux pour favoriser une prise de conscience et une confrontation à l'altérité, bien nécessaire dans un monde complexe et pluriel. La mise en perspective des évaluations des uns et des autres ne débouche pas toujours sur un consensus, en particulier sur le poids qu'il convient d'attribuer à tel ou tel facteur. Mais elle favorise souvent une meilleure compréhension mutuelle et la mise en évidence des « intérêts » qui sous-tendent les appréciations subjectives. L'objectivité consiste alors à mettre au jour ces éléments subjectifs et à montrer qu'ils sont constitutifs de la position de chacun, des critères qu'il privilégie dans son évaluation, de l'interprétation qu'il propose des résultats. L'évaluation devient alors un espace délibératif et un exercice pratique de démocratie quotidienne qui favorise l'élaboration de médiations.

L'évaluation doit être repensée en conséquence. Nous souscrivons ici à la proposition de Michel Blay lorsqu'il suggère de réserver le terme « évaluer » à une procédure à la fois collégiale et contradictoire menée par ses pairs et de parler de simple « mesurage » lorsqu'il s'agit de traduire l'activité en indicateurs quantitatifs[1].

---

1. Michel BLAY, « L'Université et la recherche muselée par les indicateurs : de l'évaluation au mesurage », in *Manager ou servir*, Paris, Syllepse, 2011.

Les managers et les dirigeants doivent être évalués sur le long terme. À côté des résultats financiers, il convient de prendre en compte d'autres éléments comme la qualité de l'outil de production, la santé au travail, l'amélioration des conditions de travail, la fiabilité des produits et services, le respect de l'environnement, la responsabilité sociale de l'entreprise. Il convient d'abandonner les conceptions prescriptives et normalisatrices de l'évaluation pour développer des modalités dynamiques et participatives. Il s'agit, en définitive, de réintroduire de la démocratie au cœur du fonctionnement organisationnel, de redonner du pouvoir aux travailleurs sur leur activité, de rééquilibrer le rapport entre le capital et le travail, entre l'institution et l'organisation, de relativiser le poids des logiques économiques et financières par rapport aux logiques sociales et existentielles.

12. Protéger la santé au travail en traitant les organisations pathogènes

Le mal-être au travail est la conséquence d'organisations pathogènes qui rendent malades les travailleurs. L'organisation est abordée par le management dans une perspective fonctionnaliste. La théorie fonctionnaliste, à l'instar des approches comportementalistes pour l'individu, considère l'organisation comme une donnée, un système, une entité qui a un fonctionnement « normal » et dont la finalité est d'assurer sa reproduction. Cette théorie s'appuie sur les modèles de la physique, de la cybernétique ou de la biologie pour mesurer les écarts par rapport à la norme, calculer les niveaux de développement et de croissance qu'il faut atteindre en fonction de cycles et de paramètres préconstruits censés indiquer des niveaux optimums. Dans cette perspective, les conflits sont considérés comme des dysfonctionnements. Le terme même de « dysfonctionnement » sous-tend l'existence d'une norme de fonctionnement présentée comme idéale. L'approche fonctionnaliste cherche moins à analyser la réalité du fonctionnement de l'individu et de l'organisation qu'à trouver les moyens de mieux adapter l'un à l'autre. On est dans une perspective plus normative qu'explicative, plus adaptative que compréhensive. Quand on réduit l'analyse des conduites humaines au repérage des mécanismes d'adaptation et de déviance, on interprète les problèmes de souffrance au travail comme un défaut d'adaptation de l'individu plutôt que comme la conséquence d'une organisation pathogène.

Lorsque c'est l'organisation du travail qui rend malade, cette conception adaptative est dramatique comme on a pu le constater à France Télécom et comme on le constate aujourd'hui dans un nombre important d'institutions dans lesquelles les salariés se plaignent d'être empêchés de travailler.

Il convient donc d'inverser la perspective. Ce n'est pas à l'individu de s'adapter à des formes d'organisation qui le mettent sous pression, mais au management de concevoir des modalités opératoires qui favorisent la coopération et le travail harmonieux. Dans un premier temps, l'arrivée de symptômes de souffrance au travail provoque des clivages internes pour chaque travailleur, mais aussi des clivages au sein des collectifs de travail. Le clivage interne est une protection contre la peur : celui qui va mal renvoie aux autres l'image de ce qu'ils ont peur de devenir. Le clivage au sein du collectif s'explique par le processus selon lequel, dans un climat de pression (de « flux tendus »), celui qui craque, ou qui est simplement défaillant, oblige les autres à prendre en charge une partie de sa tâche. C'est alors lui qui devient « responsable » de la pression, contribuant ainsi à l'enfoncer un peu plus. Dans ce contexte, il est essentiel que les salariés prennent conscience que la protection de la santé est un objectif prioritaire qui doit les mobiliser avant toute autre considération.

L'essentiel est peut-être de ne pas adhérer affectivement à l'organisation, de ne pas confondre l'intérêt de l'organisation et l'intérêt individuel. Ces deux intérêts peuvent se conjuguer à certains moments mais, dans l'entreprise capitaliste, ils restent structurellement opposés. En particulier, il ne faut jamais accepter de mettre en œuvre des modes opératoires qui sont en contradiction avec l'« amour de l'art », l'amour du métier, les valeurs profondes qui permettent d'étayer l'estime de soi.

La protection de la santé au travail dépend d'un cadre juridique qui renforce les instances de régulation comme les CHSCT, les comités d'entreprise.

Elles soutiennent l'action des différents acteurs chargés de la prévention et du contrôle, et sanctionnent les directions qui ne prennent pas les mesures de prévention nécessaires. Dans un monde si soucieux d'évaluation, la question de la santé au travail et les résultats des politiques de prévention des RPS (risques psychosociaux) devraient faire l'objet d'un mesurage précis et public.

13. Redonner au management son rôle central : l'art de la médiation

La responsabilité première du management devrait être de produire de l'organisation, c'est-à-dire des règles, des dispositifs, des procédures qui favorisent la résolution des conflits. Les conflits ne sont que des symptômes de tensions liées à la complexité, à la coexistence de logiques d'actions multiples, plus ou moins complémentaires et souvent contradictoires. Plutôt que de produire de la prescription idéale et du contrôle des résultats, les managers devraient produire de la médiation au plus près du travail réel : penser l'organisation comme un système de médiation afin d'empêcher que les contradictions inhérentes à toute production humaine se transforment en paradoxes.

Actuellement focalisé sur l'amélioration à tout prix de la productivité, obsédé par les résultats en termes financiers, le management en oublie sa responsabilité : permettre aux salariés de travailler le mieux possible. Sa tâche devrait être de comprendre les empêchements à travailler, en particulier en analysant les contradictions qui traversent le champ du travail afin de produire de la médiation organisationnelle.

La culture de la médiation doit se substituer à la culture du résultat. C'est aux managers qu'incombe la responsabilité de développer des outils d'évaluation des performances collectives, plutôt que de mesurer des performances individuelles ; de développer l'émulation par la coopération plutôt que par la compétition ; de vérifier que les objectifs fixés sont en adéquation avec les moyens fournis ; de s'assurer qu'il n'y a pas d'antagonisme radical entre les missions de l'institution et les modalités de gestion des organisations.

L'entreprise a besoin de capital, du travail et du marché pour se développer. Le management n'a pas à se mettre au service de l'un ou l'autre de ces trois pôles, mais à veiller à ce que les attentes des uns et des autres soient satisfaites et que les logiques d'action qui les sous-tendent entrent en synergie les unes avec les autres. À eux d'inventer les dispositifs organisationnels, les procédures juridiques et les principes de gestion qui assurent cette médiation équilibrée.

14. Retrouver le plaisir au travail et l'amour du métier

Retrouver le plaisir au travail conduit à se préoccuper de l'activité et pas seulement du résultat, à fonder l'évaluation sur le jugement des pairs, ceux qui connaissent le métier, plutôt que sur la mesure abstraite de la production. Retrouver l'amour du métier, c'est imposer que la reconnaissance soit exclusivement fondée sur l'art de bien faire, la compétence, la coopération, le goût de l'œuvre accomplie et l'amour du métier. Il est temps de substituer la culture du bon travail à la culture du résultat, de refuser l'avancement au mérite individuel pour valoriser l'œuvre commune, de célébrer la solidarité et l'entraide plutôt que le chacun pour soi et la lutte des places.

Dans son essai sur le suicide, Émile Durkheim considérait que les dimensions altruistes et socialisatrices du travail étaient un élément protecteur contre les pulsions suicidaires. *A contrario*, on peut penser que les suicides au travail sont des indicateurs qui marquent la perte de cette fonction. La gestion managériale produit une nouvelle forme d'anomie. Non pas tant parce qu'il y aurait une absence de norme et de règle, mais plutôt parce qu'elle installe un univers de prescriptions paradoxales vécues comme une perte de repères et de sens.

Face à l'exigence d'autonomie, le salarié est renvoyé à lui-même pour fixer les limites de son investissement. Lorsque les collectifs de métier, les collègues de travail ne jouent plus leur rôle régulateur et protecteur, chaque travailleur se retrouve laissé à lui-même face aux difficultés qu'il rencontre. On attend de lui des résultats, des performances, évaluées sur des critères de plus en plus précis sans se soucier de lui apporter les moyens pour les atteindre. Et lorsqu'il les réclame, lorsqu'il souligne l'incohérence d'une organisation du travail qui l'empêche de réaliser ces objectifs, on le renvoie à sa responsabilité personnelle. Comme si c'était à lui de se donner les moyens de « réussir », comme si cette réussite ne dépendait que de ses qualités, de son comportement, alors qu'elle dépend aussi et surtout de ses conditions de travail. On exige de lui l'autonomie, alors que c'est l'hétéronomie qui domine.

La célébration de la responsabilité individuelle, comme l'évaluation individualisée, l'instauration de primes et l'avancement au mérite sont des stimulants bien précaires et nocifs à partir du moment où ils détruisent les liens nécessaires à une production de qualité. Les collectifs de métier, les coopérations fructueuses demandent du temps, de la durée et de la constance pour se construire. Une évaluation digne de ce nom devrait porter attention à cette dimension socialisatrice du travail, élément essentiel de l'être ensemble.

Ce que l'on peut faire politiquement

15. Combattre l'utilitarisme et le positivisme

Selon le paradigme utilitariste qui règne aujourd'hui en maître au sein des entreprises, chaque acteur cherche à « maximiser ses utilités », c'est-à-dire à optimiser le rapport entre les résultats personnels de son action et les ressources qu'il y consacre. La préoccupation d'utilité est aisément concevable dans un univers où les soucis d'efficience et de rentabilité sont constants.

Dans ce contexte, la recherche et la connaissance ne sont considérées comme pertinentes que dans la mesure où elles débouchent sur des solutions opérationnelles. L'optimisation règne en maître. « Soyez positifs ! » est une injonction permanente. Il convient de pratiquer l'« approche solution », c'est-à-dire de n'évoquer un problème qu'à partir du moment où l'on peut le résoudre. On entend des responsables déclarer à leurs subordonnés : « Ici, il n'y a pas de problèmes, il n'y a que des solutions ! » La pensée est considérée comme inutile si elle ne permet pas de contribuer à l'efficience du système. La pertinence de la connaissance est mesurée à l'aune de son utilité pour l'organisation. Il est difficile, dans ce cadre, de développer une pensée critique, sauf si la critique est « constructive ». On peut exercer sa liberté de pensée et de parole à condition que cette liberté serve à améliorer les performances. Celui qui soulève un problème sans en apporter la solution est perçu comme un gêneur, un être négatif, ou même un contestataire qu'il vaut mieux éliminer. Le conformisme est le pendant de l'utilitarisme.

L'utilitarisme et le positivisme conduisent à la « pensée unique », c'est-à-dire une pensée qui se ferme à tout autre langage qui n'emploie pas ses termes. La souffrance au travail est toujours associée au sentiment de ne plus pouvoir penser, d'être récusé comme sujet réflexif. Il convient de réintroduire, dans les organisations comme dans la formation des gestionnaires, les disciplines qui favorisent la pensée critique et la prise de distance comme l'histoire, la philosophie, la sociologie, l'anthropologie, les sciences humaines cliniques. Il convient de réintroduire dans les organisations du débat, de la confrontation de points de vue, des espaces délibératifs. Il convient de favoriser l'évaluation dynamique, à partir de la confrontation des intelligences, plutôt que l'évaluation faussement objective qui s'intéresse aux résultats quantitatifs sans mettre en discussion les modalités pratiques pour les atteindre.

16. Restaurer la confiance en rééquilibrant les pouvoirs dans l'organisation du travail

Pour que l'organisation du travail apporte la sécurité et la considération dont les salariés ont besoin pour s'impliquer, il convient d'abord de changer l'équilibre des pouvoirs : redonner aux travailleurs le droit d'expression, le droit de se protéger quand leur santé est en danger, le droit de donner leur point de vue sur toutes les questions qui touchent à l'organisation. Il en va de la restauration de la confiance qui demande d'abord de considérer les salariés comme des sujets réflexifs ayant le goût du travail bien fait et recherchant le sens de leur engagement dans la réussite collective.

Deux autres conditions sont indispensables pour rétablir la confiance :

– ne pas tricher sur la question des moyens, par exemple lorsqu'on demande de faire mieux avec moins. Le non-remplacement d'un fonctionnaire sur deux est une mesure calamiteuse parce qu'elle présuppose que les agents ne travaillent pas suffisamment et qu'elle laisse croire que l'on peut assurer une qualité de service public équivalente en réduisant le personnel. Et ceux-là mêmes qui mettent en œuvre cette politique dégradante, s'extasient sur le dévouement des infirmières, des instituteurs et des policiers, ou se lamentent sur la dégradation des services d'urgence, des transports en commun ou de l'accueil dans les services sociaux ;

– mais surtout la confiance n'est possible que si les conditions de rémunération, de dialogue social, d'efforts demandés sont jugées équitables. Les profits doivent être partagés de façon plus égalitaire entre les actionnaires, les salariés et l'entreprise. Les primes doivent récompenser les performances collectives et être également réparties entre tous ceux qui y contribuent. Les écarts de rémunération entre les cadres dirigeants et les salariés doivent être justes et se réduire en conséquence. Il faut revisiter une conception individualiste de la justice qui met en avant le mérite individuel, sans que le lien avec la performance collective et la contribution effective de chacun soit établi.

Le pouvoir managérial devrait se préoccuper tout autant de la défense du droit du travail et de la protection sociale que de la libre circulation des capitaux et des marchandises. L'idée que la déréglementation du travail est facteur de liberté est une idée fausse. Une liberté est effective à condition d'être garantie par le droit. De l'abolition de l'esclavage à la suppression du travail des enfants, jusqu'à la réglementation du temps de travail, les progrès dans ce domaine sont toujours le résultat de lois. Les délocalisations et la globalisation dans son ensemble conduisent à un alignement des droits sociaux sur les législations les moins favorables aux travailleurs. La liberté ne se divise pas. La liberté des échanges commerciaux et de la circulation du capital doit s'accompagner d'une amélioration de la protection des travailleurs et de la mise en œuvre d'un droit du travail universel, afin de garantir la liberté et la dignité des travailleurs. Ce sont ces supports juridiques qui apportent la protection et la sécurité dont chacun a besoin pour être sujet. Il convient en particulier de rééquilibrer les pouvoirs dans les entreprises et les institutions en impliquant des représentants du personnel dans les instances de décision, et en renforçant leur pouvoir dans les instances de régulation chargées de prévenir les risques psychosociaux.

17. Lutter contre la « création destructrice »

Schumpeter évoquait la destruction créatrice comme étant l'un des moteurs du capitalisme. On peut en effet penser que la force de ce système tient dans son dynamisme, sa capacité de renouvellement permanent grâce à son adaptabilité aux marchés et à des valeurs comme la liberté d'entreprendre, la compétition comme émulation, la production d'un imaginaire social de progrès et de croissance. Nous assistons aujourd'hui à un renversement : la destruction semble l'emporter sur la création. Au cycle « vertueux » de la croissance du capitalisme industriel, semble se substituer une spirale infernale de dérégulation incontrôlée, un état de crise permanente, d'impuissance des élites à maîtriser un monde qui leur échappe. Le chaos et la désorganisation deviennent des éléments « normaux ».

Trois indicateurs rendent compte de cette mutation : la crise écologique, la crise du travail qu'exprime la montée irrésistible des risques psychosociaux, et la crise financière qui est une cause structurelle de la dégradation des conditions de travail.

On observe ces forces destructrices à propos de l'environnement. L'exploitation sans limites de ressources naturelles met en péril la reproduction des espèces, la biodiversité, l'équilibre écologique, l'avenir même de notre planète. Le réchauffement climatique, la déforestation à outrance, l'exploitation industrialisée des océans sont autant de symptômes de ces logiques destructives, dont la crise alimentaire est l'expression la plus dramatique. La pertinence d'un système économique devrait se mesurer d'abord et avant tout dans la durée, à partir d'indicateurs qui mesurent sa capacité à préserver et à renouveler les ressources naturelles, celles qui fondent notre « Terre patrie », pour reprendre la belle expression d'Edgar Morin.

L'accroissement du mal-être dans le travail est un autre indicateur de la destructivité du capitalisme financier. La pression de la *share holder value* (la valeur pour l'actionnaire) dans le privé et de la réduction de la dette publique dans la gestion de l'État et des institutions, sont l'une des causes structurelles de la dégradation des conditions de travail et de la montée du chômage.

Les crises financières à répétition et l'effondrement économique de la Grèce, de l'Espagne, de l'Irlande et demain peut-être du Portugal et de la France, montrent la folie qu'a entraînée la dérégulation des marchés financiers. On ne peut accepter un monde dominé par des forces financières qui se contentent de « faire travailler l'argent ». L'économie réelle, liée à la production concrète, permet d'établir un lien entre le travail des hommes et la richesse produite. Ce lien a été rompu par les dévoiements du capitalisme financier. Il faut donc sortir de l'« économie à déréglementation concurrentielle généralisée[1] », qui est une cause essentielle de la dégradation du travail. On peut constater que le contrôle sur la productivité du travail est inversement proportionnel au contrôle sur les marchés financiers. Ceux-ci échappent à toute forme de réglementation si ce n'est une autorégulation qui ne leur impose aucun contre-pouvoir. La concurrence généralisée conduit à un « aveuglement au désastre », selon l'expression de Hyman Minsky, mis en évidence par les crises financières à répétition. Les mesures prises jusqu'à présent n'en ont pas limité les dégâts et n'ont pas endigué les risques de répétition.

Cet aveuglement est en partie dû au fait que les financiers peuvent prendre tous les risques puisqu'ils ne sont pas comptables des conséquences. Ils peuvent alors engranger des profits et faire prendre en charge les pertes par d'autres. F. Lordon en donne une illustration saisissante à propos des traders : « Les traders voient la part variable de leur rémunération indexée sur leur rentabilité courante. [...] Mais le risque n'est matérialisé qu'*ex post*. Le trader touchera donc le profit dérivé de la hausse, mais n'enregistrera aucun des effets de baisse – simplement son bonus sera-t-il nul quand celle-ci se produira. Il est donc de ce fait incité à méconnaître

1. Frédéric LORDON, *Jusqu'à quand ? Pour en finir avec les crises financières*, Liber, 2008.

le risque contracté pour privilégier la rentabilité courante qui alimente son bonus[1]. » Une « symétrie d'incitation » qui conduirait à responsabiliser les traders et plus généralement tous les financiers, sur les gains comme sur les pertes, conduirait à limiter les conduites à risque et leurs conséquences sur l'économie réelle.

Il faut donc sortir d'une logique selon laquelle « tout ce que le travail gagne est contestable alors que tout ce que le capital obtient est déclaré irréversible ». De la même façon qu'il faut sortir des raisonnements illusoires qui préconisent une concurrence généralisée comme moyen d'augmenter le pouvoir d'achat en pesant toujours plus sur les prix plutôt qu'en augmentant les salaires. On oppose ainsi artificiellement le consommateur au travailleur alors même que cette baisse des prix est obtenue grâce à l'ajustement des coûts salariaux. « Merveille de la concurrence et preuve s'il en fallait de la remarquable cohérence interne du capitalisme déréglementé, les salariés jetés à la rue par un plan de délocalisation, décidé au nom de la compétitivité des prix, n'ont d'autres ressources que d'aller faire leurs courses au *hard discount* qui est l'extrémité la plus féroce de la chaîne concurrentielle, et active précisément tous les mécanismes dont ils viennent d'être les victimes[2]. »

La compétition généralisée, la concurrence non régulée et la déterritorialisation des marchés

---

1. *Ibid.*, p. 170.
2. *Ibid.*, p. 208.

financiers représentent les causes structurelles de la dégradation du marché et des conditions de travail. C'est évident dans le secteur privé, mais c'est aussi le cas dans les secteurs non marchands, la réduction de la dette publique jouant le même rôle, pour justifier la réduction des effectifs et l'augmentation de la productivité, que l'argument de la guerre économique.

Les remèdes face à ces logiques destructives sont connus. Frédéric Lordon en donne une liste très précise, en particulier : la suppression des enclaves de profitabilité déconnectée de l'économie réelle ; l'évaluation de la rémunération des financiers à la mesure de leurs résultats à long terme, incluant le calcul des gains mais aussi des pertes réalisées ; la mise en œuvre de régulation pour tous les opérateurs de la finance de marché ; la prise de contrôle par des institutions publiques des entreprises de Bourse ; le soutien à des politiques monétaires non spéculatives. Il s'agit en définitive de retrouver un équilibre entre le capital et le travail, que ce soit dans les instances de régulation, dans les rémunérations affectées aux uns et aux autres, et dans la répartition du pouvoir au sein des entreprises.

Il convient donc de repenser les bases structurelles de notre système économique, de le protéger des folies incontrôlables des marchés financiers, de combattre toutes les formes de production qui détruisent l'environnement, la société et les travailleurs. Le pouvoir des actionnaires doit être rééquilibré pour prendre en compte la responsabilité sociétale des entreprises et le droit légitime des travailleurs de participer aux décisions qui les concernent. Un peu plus de démocratie au sein de l'entreprise serait salutaire pour limiter la toute-puissance de certains patrons et l'irresponsabilité d'actionnaires peu intéressés par la vie et la survie de l'entreprise.

18. Rééquilibrer les intérêts privés et l'intérêt général

L'univers de la gestion substitue l'intérêt au don, l'enrichissement à la gratuité, la défense de la propriété individuelle à la mise en œuvre de services publics, l'utilité à la dignité, la célébration du mérite individuel à la solidarité collective, la stratégie à l'honneur. Il transforme les relations humaines en rapports marchands, les citoyens en clients qui réclament leur dû et les politiques en pourvoyeurs de services. Il faut retrouver « la joie de donner en public, le plaisir de la dépense artistique généreuse, celui de l'hospitalité et de la fête[1] ». La morale sociale doit se fonder « sur le respect mutuel et la générosité réciproque qui assure la redistribution de la richesse amassée. C'est la condition du bonheur des individus et des peuples ». L'honneur, le désintéressement et la solidarité sont des valeurs nécessaires à la vie sociale. Les dirigeants devraient se préoccuper de cette morale plutôt que de la réussite individuelle.

---

1. Marcel MAUSS, « Essai sur le don » (1923-1924), *Sociologie et Anthropologie*, PUF, 2001, coll. « Quadrige ».

Au lieu de vouloir mettre les gens au travail, pour les mobiliser dans la course à la productivité, il serait temps de retrouver le plaisir de la gratuité, de l'échange et du partage sans calcul.

Sur le palais des Recteurs de la ville de Dubrovnik, on peut lire une inscription gravée dans la pierre : « Oubliez vos intérêts privés pour l'intérêt général. » Pendant leur mandat, les Recteurs ne devaient pas sortir des palais, afin de se consacrer entièrement à leur charge. Ils s'inspiraient des valeurs de la Grèce antique qui considéraient qu'il n'y avait rien de plus noble et de plus enviable que de s'occuper des affaires de la Cité. Certains politiques se sont fourvoyés dans la défense d'intérêts catégoriels au détriment de l'intérêt général. La politique semble aujourd'hui dans une impasse. Elle produit sa propre impuissance lorsqu'elle se préoccupe de satisfaire les marchés financiers plutôt que le bien-être des concitoyens. Revenir au cœur du politique, c'est se centrer d'abord et avant tout sur ce qui favorise « l'être ensemble ». C'est célébrer une société dans laquelle les individus ne sont pas considérés d'abord comme des travailleurs et des consommateurs mais avant tout comme des citoyens, c'est-à-dire des sujets agissant ensemble. Non pas une agrégation d'individus vivant côte à côte, mais une communauté d'acteurs dont la préoccupation est de construire un monde commun.

Pour retrouver sa noblesse, la politique doit non seulement se dégager de l'idéologie managériale mais la combattre frontalement. Sa finalité n'est pas de gérer la société mais de gouverner des hommes pour construire un monde meilleur. Construire des solidarités concrètes, rendre le monde moins injuste, pacifier les relations sociales, combattre les incivilités, célébrer les vertus de l'hospitalité, contribuer au bien commun, apprivoiser l'altérité. La politique retrouve sa crédibilité lorsqu'elle se met au service d'un projet de civilisation respectueux de la dignité et du bien-être de chaque concitoyen, attentif à l'environnement, aux Droits de l'homme, à une répartition équilibrée des richesses produites.

19. Promouvoir l'économie solidaire contre la société de marché

« Entre la confiance des marchés et la confiance du peuple, il faut choisir. La politique qui vise à garder la confiance des marchés perd la confiance du peuple. » Cette alternative posée par Pierre Bourdieu est plus que jamais d'actualité. Les peuples de Grèce, d'Espagne, d'Irlande et tous les « indignés » dans le monde ont montré qu'ils ne voulaient pas d'une société soumise aux diktats des marchés financiers et plus généralement d'une politique contaminée par l'idéologie managériale.

Comment retrouver un équilibre entre l'économique, le social et le politique ? Pour que l'économie ne se développe pas contre la société, il convient de reconsidérer le rapport à la richesse et renouveler les termes d'un contrat social au niveau mondial qui ne soit pas exclusivement dominé par des considérations productivistes, mais par des préoccupations démocratiques, respectueuses des droits et de la dignité de chacun. Comment les hommes peuvent-ils vivre ensemble dans l'harmonie et la paix ? Il suffirait pour cela de défendre quelques principes, peut-être utopiques, mais pourtant essentiels : promouvoir une non-violence économique qui prêche la solidarité comme contrepoids à la compétition ; alléger la pression du travail et du culte de l'activisme ; considérer la richesse produite comme un moyen pour renforcer la cohésion sociale.

L'émancipation passe par un rééquilibrage des rapports entre le travail et le capital à tous les niveaux. D'abord au niveau international pour éviter que les disparités entre les pays ne favorisent une inflation à rebours de la protection des travailleurs. Une meilleure reconnaissance de l'action syndicale au niveau mondial, continental et national est nécessaire. Plutôt que de s'aligner sur le « moins-disant social », il convient de valoriser les entreprises qui défendent la protection de leurs employés. On peut espérer que les actions sur la responsabilité sociale des entreprises (RES) favorisent ce rééquilibrage. Encore faut-il que la loi vienne encadrer cette responsabilité et que les dirigeants qui polluent la planète ou ne se préoccupent pas de protéger la santé de leurs employés voient leur responsabilité pénale engagée.

Le profit est un moyen, non une finalité. Il existe des alternatives au néoproductivisme du capitalisme libéral. Le commerce équitable permet de retrouver de meilleurs équilibres dans le commerce international en protégeant mieux les petits producteurs et en impliquant les consommateurs dans des solidarités actives vis-à-vis des pays pauvres. Les finances solidaires redonnent sens à l'argent investi dans l'économie et soutiennent des initiatives qui sont rejetées par les banques traditionnelles. Les réseaux d'échanges non monétaires favorisent l'échange symbolique au détriment de l'échange marchand. Ces pratiques privilégient le développement local, la constitution de solidarités actives, la protection des liens sociaux, le développement d'une économie sociale au service de la collectivité.

L'économie solidaire est un projet équivalent à la non-violence en politique. Elle cherche à construire une société apaisée dans laquelle l'économie aide à réduire les inégalités entre les riches et les pauvres. Une économie plus juste qui concilie les intérêts au lieu de les opposer, une économie concrète, au plus près des producteurs, des consommateurs et des investisseurs, une économie humaniste réconciliée avec la politique.

Affirmer que le lien importe plus que le bien, c'est redonner sens à une conception de la gestion réconciliée avec la société.

20. Une nouvelle révolution managériale au service d'un monde commun

La révolution managériale a transformé les rapports entre le capital et le travail pour soumettre ses derniers aux intérêts du premier. Il s'agit de rationaliser la production au moindre coût pour favoriser la croissance et satisfaire les « besoins » des consommateurs et des clients pour le plus grand profit des actionnaires. On peut être admiratif de l'efficience de ce projet. On peut aussi s'inquiéter des coûts qui ne sont pas pris en compte, qu'il s'agisse des atteintes à l'environnement, du pillage de certaines matières premières, de la pression du travail, de ses conséquences psychologiques comme le stress ou le harcèlement moral, ou encore de l'exclusion de tous ceux qui ne peuvent accéder à ce monde ou en ont été rejetés.

Cette vision du monde transforme la société en machine à produire et l'homme en agent au service de la production. La rentabilité devient la finalité exclusive de la société, participant à la transformation de l'humain en « ressource ». Affirmer que l'humain est une ressource de l'entreprise conduit à opérer une inversion des rapports entre l'économique et le social. L'entreprise, comme construction sociale, est une ressource de l'humanité et non l'inverse. Il y a là une confusion des causalités, expression supplémentaire de la primauté accordée à la rationalité des moyens sur les finalités. Considérer l'humain comme un facteur parmi d'autres, c'est entériner un processus de réification de l'homme. Le développement des entreprises et des organisations n'a de sens que s'il contribue à l'amélioration de la société, donc du bien-être individuel et collectif et, en définitive, s'il est au service de la vie humaine. Gérer l'humain comme une ressource, au même titre que les matières premières, le capital, les outils de production ou encore les technologies, c'est poser le développement de l'entreprise comme une finalité en soi, indépendante du développement de la société, et considérer que l'instrumentalisation des hommes est une donnée naturelle du système de production.

La finalité de l'activité humaine n'est pas d'exploiter des ressources, qu'elles soient matérielles ou humaines, mais de « faire société », de produire du lien social, de construire un monde dans lequel tout le monde ait sa place, dans lequel il fait bon vivre, tout simplement.

Conclusion

La combinaison des actions au niveau individuel, organisationnel et politique est nécessaire pour sortir du mal-être au travail. Au niveau individuel, il faut accompagner et prendre en charge ceux dont la souffrance se traduit par des symptômes somatiques et psychosomatiques. On se souvient du proverbe qui dit : « À ceux qui sont affamés, il faut donner à manger, à ceux qui ont faim, il faut apprendre à cultiver la terre. » Il en va de même pour le travail. À ceux qui vont mal, il faut soulager la douleur, à ceux qui souffrent, il faut apprendre à agir sur les causes. Si la souffrance est d'abord personnelle, les raisons de la souffrance ne le sont pas. Si les réponses psychologiques et médicales sont nécessaires, elles ne résolvent pas le problème. Agir sur les effets individuels est une solution partielle et insuffisante. Il convient donc d'agir sur la maltraitance organisationnelle en transformant les systèmes de gestion et les pratiques de management lorsqu'elles mettent les travailleurs sous pression, lorsqu'elles produisent des injonctions paradoxales, lorsqu'elles instrumentalisent les salariés, lorsqu'elles ne leur permettent pas de se réaliser comme des sujets à part entière. Ces actions pour éviter que les organisations ne deviennent pathogènes sont forcément collectives. Les directions sont les principales responsables. Elles doivent sortir du déni ou de la rationalisation consistant à dire qu'il n'y a pas de choix, que la compétitivité face à la guerre économique est un impératif qui justifie l'exigence du toujours plus. La performance ne peut se réaliser durablement au détriment de la santé au travail.

Les organisations syndicales ont mis du temps à prendre la mesure du problème. La défense des salariés passe par la protection des travailleurs et la dénonciation de toutes les formes de violence. L'ensemble des acteurs de l'entreprise et des institutions est concerné. Il ne suffit pas de se décharger sur les CHSCT, les médecins et psychologues du travail, ou encore les services de gestion des ressources humaines. Il ne suffit pas non plus de faire appel à des experts dont on attendrait une solution miracle sans agir sur les sources du mal-être.

Ces changements ne seront effectifs que dans la mesure où le pouvoir politique s'engagera à rééquilibrer les rapports sociaux au travail pour protéger effectivement les salariés. Un cadre juridique est nécessaire pour favoriser ces évolutions. Les responsables politiques doivent avant tout se décontaminer de l'idéologie managériale qui gangrène leur façon de penser la société, les rapports entre l'économique et le social, la gestion des institutions publiques et de l'exercice de l'État. Il faut combattre radicalement les principes qui inspirent la RGPP

(Révision générale des politiques publiques). Il faut réformer la formation des élites. La préoccupation première de l'ensemble des dirigeants, relayée par les cadres et les employés, doit être de produire des dispositifs organisationnels qui favorisent l'activité et le bien-être au travail. Une politique au service d'un monde commun plutôt que des marchés, pour cultiver l'être ensemble plutôt que la lutte des places.

Certains responsables attendent des réponses simples et pragmatiques pour résoudre le problème de la souffrance au travail. « Ici, il n'y a pas de problème, il n'y a que des solutions », entend-on dans des comités de direction qui ne veulent pas prendre le temps de la réflexion. Dans ce contexte, les solutions ne sont acceptées que dans la mesure où elles s'expriment dans les termes de la novlangue managériale qui se ferme à tout autre discours qui n'emploie pas ses termes.

Les réponses que nous apportons ici sont construites sur un diagnostic approfondi. Elles sont destinées aux salariés, aux décideurs et à tous ceux qui cherchent de vraies solutions, qui s'affirment comme des sujets réflexifs animés par une réelle volonté d'améliorer les choses. Une des causes majeures de l'impuissance à atténuer le mal-être au travail vient de la dénégation des dirigeants, de leur refus de voir le lien entre la souffrance et l'organisation du travail.

Notre manifeste est un outil à disposition des travailleurs, des médecins, des psychologues, des organisations syndicales, des membres des CHSCT et des comités d'entreprise, des inspecteurs du travail, mais aussi des DRH, des directions et des membres des conseils d'administration, pour aborder frontalement la question des risques psychosociaux. Les tergiversations auxquelles on assiste face aux suicides qui se multiplient dans le monde du travail sont inquiétantes. Les tentatives pour renvoyer la cause à des problèmes personnels, des conflits familiaux ou des crises passagères, sont déplacées. Le refus de considérer les sources du mal-être et d'en tirer les conséquences devrait être sanctionné par la loi, au même titre que les accidents du travail ou les maladies professionnelles. Mais, au-delà de ces manifestations dramatiques, le mal-être illustre une forme de pouvoir et de gestion des organisations qui produit l'instrumentalisation de ceux qui la subissent et l'aliénation de ceux qui l'exercent.

Cette nouvelle gouvernance doit être remise en question au profit d'un management responsable qui préfère la médiation à la prescription, l'écoute à l'imposition d'un ordre, la confrontation des points de vue à l'obsession évaluatrice, le travailler mieux plutôt que le travailler plus.

Ce manifeste est un guide pour l'action. Il présente tous les éléments qui permettent de sortir du mal-être au travail. Il propose une utopie concrète, crédible, réalisable.

Il n'est pas conditionné à des préalables. Il peut être appliqué dès maintenant. Sa mise en œuvre est, en elle-même, un facteur important de bien-être au travail.

Bibliographie

ABELHAUSER A., GORI R., SAURET M.-J., *La folie évaluation. Les nouvelles fabriques de la servitude*, Paris, Mille et une nuits, 2011.

APPEL DES APPELS, *Politique des métiers. Manifeste*, Paris, Mille et une nuits, 2012.

ARNAUD G., DUBOULOY M., « Le management "hors sujet" ? », *Nouvelle revue de psychosociologie*, Toulouse, Érès, n° 13, printemps 2012.

ASKENASY P., COUTROT T., ORLÉAN A., *Manifeste d'économistes atterrés*, economiste.atteres.blogspot.com, septembre 2010.

AUBERT N., GAULEJAC V. DE, *Le coût de l'excellence*, Paris, Seuil, 1991.

AUBERT N., *Le culte de l'urgence*, Paris, Flammarion, 2003.

BECHTOLD-ROGNON E., LAMARCHE T., *Manager ou servir, les services publics aux prises avec le nouveau management*, Paris, IRFSU/Syllepse, 2012.

BIHR A., *La Novlangue néolibérale. La rhétorique du fétichisme économique*, Lausanne, Éditions Page deux, 2007.

BLONDEL F., « L'*aggiornamento* de l'évaluation dans les champs de l'action publique : entre raison gestionnaire et exigence démocratique », *Nouvelle revue de psychosociologie*, Toulouse, Érès, n° 8, automne 2009.

BOLTANSKI L., CHIAPELLO E., *Le nouvel esprit du capitalisme*, Paris, Gallimard, 1999.

BOUILLOUD J.-P., *Entre l'enclume et le marteau, les cadres pris au piège*, Paris, Seuil, 2012.

BOURDIEU P., *Les structures sociales de l'économie*, Paris, Seuil, 2000.

BOURDIEU P., *Contre-feux 2*, Paris, Raisons d'agir, 2001.

BRUNEL V., *Les managers de l'âme*, Paris, La Découverte, 2004.

CHAPTAL A., LAMARCHE T., NORMAND R., *Payer les profs au mérite ?*, Paris, IRFSU/Syllepse, 2005.

CHAUVIÈRE M., *Trop de gestion tue le social*, Paris, La Découverte, 2007.

CLOT Y., *Le travail à cœur*, Paris, La Découverte, 2010.

CULTIAUX J., *Les perdants de la modernisation*, Paris, Desclée de Brouwer, 2011.

DANET F., *Où va l'hôpital ?*, Paris, Desclée de Brouwer, 2008.

DEJOURS C., *Travail et usure mentale : de la psychopathologie à la psychodynamique du travail*, 3e édition, Paris, Bayard Éditions, 2000.

DEJOURS C., *L'évaluation du travail à l'épreuve du réel*, Paris, INRA/Éditions Quae, 2003.

DUJARIER M.-A., *L'idéal au travail*, Paris, PUF/*Le Monde*, 2006.

DURAND J.-P., *La chaîne invisible. Travailler aujourd'hui : flux tendu et servitude volontaire*, Paris, Seuil, 2004.

ENRIQUEZ E., *Les jeux du désir et du pouvoir dans l'entreprise*, Paris, Desclée de Brouwer, 1998.

ENRIQUEZ E., *Clinique du pouvoir*, Toulouse, Érès, 2012.

GAULEJAC V. de, TABOADA-LEONETTI I., *La lutte des places*, Paris, Desclée de Brouwer, 1996.

GAULEJAC V. de (2005), *La société malade de la gestion*, Paris, Seuil, Points, 2009.

GAULEJAC V. de, *Travail, les raisons de la colère*, Paris, Seuil, 2011.

GAULEJAC V. de, *La recherche malade du management*, Paris, INRA/Éditions Quae, 2012.

GÉNÉREUX J., *La dissociété*, Paris, Seuil, 2006.

GORI R., CASSIN B., LAVAL C., L'APPEL DES APPELS, *Pour une insurrection des consciences*, Paris, Mille et une nuits, 2009.

GORZ A., *Métamorphoses du travail, quête du sens*, Paris, Galilée, 1988.

HANIQUE F., *Le sens du travail*, Toulouse, Érès, 2004.

HARLÉ A., *Le coût et le goût du pouvoir : le désenchantement politique face à l'épreuve managériale*, Paris, Dalloz, 2010.

HIRIGOYEN M.-F., *Le harcèlement moral, la violence perverse au quotidien*, Paris, La Découverte, 1998.

HIRIGOYEN M.-F., *Malaise dans le travail. Harcèlement moral, démêler le vrai du faux*, Paris, La Découverte, 2001.

HERREROS G., *La violence ordinaire dans les organisations*, Toulouse, Érès, 2012.

KRAUZE J., MÉDA D., LÉGERON P., SCHWARTZ Y., *Quel travail voulons-nous ?*, Paris, Les Arènes, 2012.

LALLEMENT M., *Le travail, une sociologie contemporaine*, Paris, Folio, 2007.

LAVILLE J.-L., *L'économie solidaire. Une perspective internationale*, Paris, Hachette Littératures, 2007.

LINHART D., RIST B., DURAND E., *Perte d'emploi, perte de soi*, Toulouse, Érès, 2002.

LINHART D., *Travailler sans les autres*, Paris, Seuil, 2009.

LHUILIER D., GIUST-DESPRAIRIES F., LITIM M., « "Risques psychosociaux", une nouvelle catégorie sociale ? », *Nouvelle revue de psychosociologie*, Toulouse, Érès, n° 10, 2010.

LORDON F., *Et la vertu sauvera le monde… Après la débâcle financière, le salut par l'« éthique » ?*, Paris, Raisons d'agir, 2003.

LORDON F., *La crise de trop*, Paris, Fayard, 2009.

LORDON F., *Capitalisme, désir et servitude*, Paris, La Fabrique, 2010.

MAUSS M., « Essai sur le don » (1923-1924), *Sociologie et Anthropologie*, Paris, PUF, 2001.

MÉDA D., *Travail : la révolution nécessaire*, La Tour d'Aigues, L'Aube, 2010.

MICHAUD Y., *Qu'est-ce que le mérite ?*, Paris, Bourin éditeur, 2009.

MILGRAM M., *La soumission à l'autorité*, Paris, Calmann-Lévy, 1974.

MORIN E., *Introduction à la pensée complexe*, Paris, ESF, 1990.

MUCCHIELLI L., « Faire du chiffre : le "nouveau management de la sécurité" », in *La frénésie sécuritaire*, Paris, La Découverte, 2008 (ouvrage collectif).

Orléan A., *Le pouvoir de la finance*, Paris, Odile Jacob, 1999.

Pagès M., Bonetti M., Gaulejac V. de, Descendre D., *L'emprise de l'organisation* (1979), Paris, Desclée de Brouwer, 1998.

Périlleux T., *Les tensions de la flexibilité*, Paris, Desclée de Brouwer, 2001.

Perrot M.-D., Du Pasquier J.-N., *Ordre et désordres de l'esprit gestionnaire*, Lausanne, Réalités sociales, 2005.

Peters T., *Le chaos management. Manuel pour une nouvelle prospérité de l'entreprise*, Paris, InterÉditions, 1988.

Peze M., *Ils ne mouraient pas tous mais tous étaient frappés. Journal de la consultation Souffrance et Travail*, Paris, Pearson, 2010.

Sen A., *L'économie est une science morale*, Paris, La Découverte, 1999.

Supiot A., *L'esprit de Philadelphie*, Paris, Seuil, 2010.

Viveret P., « Peut-on évaluer le bonheur ? », *En quête d'évaluation*, Actes des 23e journées d'études de l'APF, Paris, 2010.

Weber H., *Du ketchup dans les veines*, Toulouse, Érès, 2005.

Table

Œuvres de Vincent de Gaulejac

Les jeunes de la rue, en collaboration avec G. Mury, Privat, Toulouse, 1977.

L'emprise de l'organisation, en collaboration avec M. Pagès, M. Bonetti, D. Descendre, Paris, PUF, 1979, rééd. 1992, 1998, 2008 : rééd. Desclée de Brouwer, 1999.

La névrose de classe, Paris, Hommes et groupes, 1987, rééd. 1992, 1999, 2003.

L'évaluation dynamique dans les organisations publiques, en collaboration avec M. Bonetti et J. Fraisse, Paris, Les Éditions d'Organisation, 1987.

L'ingénierie sociale, en collaboration avec M. Bonetti et J. Fraisse, Paris, Syros, 1989, rééd. 1996.

Femmes au singulier ou la parentalité solitaire, en collaboration avec N. Aubert, Paris, Klincksieck, 1990.

Le coût de l'excellence, en collaboration avec N. Aubert, Paris, Seuil. 1991, rééd. 1994, 1999, 2007, 2009.

La lutte des places, en collaboration avec I. Taboada Leonetti, Paris, Desclée de Brouwer, 1994, rééd. 1997, 2001, 2005, 2008.

La gourmandise du tapir, en collaboration avec A. Bron, Paris, Desclée de Brouwer, 1995.

Les Sources de la honte, Paris, Desclée de Brouwer, 1996, rééd. 1999, 2001, 2004, 2006, 2008 ; Points Essai, Seuil, 2011.

L'Histoire en héritage, roman familial et trajectoire sociale, Paris, Desclée de Brouwer, 1999, rééd. 2000, 2008 ; Édition de Poche, Payot, 2012.

La société malade de la gestion, Paris, Seuil, 2005, rééd 2006 ; Collection Points Économie, Paris, 2009.

Qui est « JE » ? Sociologie clinique du sujet, Paris, Seuil, 2009.

Travail. Les raisons de la colère, Paris, Seuil, 2011.

La recherche malade du management, Paris, Quae, 2012.

Achevé d'imprimer le 19 octobre 2012
sur les presses de
La Manufacture - *Imprimeur* – 52200 Langres
Tél. : (33) 325 845 892

N° imprimeur : 12593 - Dépôt légal : octobre 2012
Imprimé en France

IMPRIM'VERT®

Composition et mise en pages réalisées par
Compo 66 - Perpignan
508/2012